まるごと！教育テキスト

家庭教育・学校教育・社会教育

日本PTAがおくる教育の キホンのキ

監修 浜田 博文 編著 公益社団法人日本PTA全国協議会

ジアース教育新社

監修のことば

　本書を刊行しようという構想が出されたのは 2018 年の夏頃だった
と思います。各地の PTA 活動をリードしている方やこれからそのよ
うな立場に立とうとする方々に、日本の教育の仕組みの全体を理解し
たうえで PTA 活動をリードしていただきたい、という思いが、日本
PTA 全国協議会の事務局・役員の間から湧き上がってきました。学
校教育、社会教育、家庭教育の全体を包摂した本書を編集するにあたっ
ては、関係する方々の並々ならぬ努力が必要とされました。全国各地
の小中学校とそれぞれの校区で子どもたちの健やかな成長を見守り、
支援する活動に携わっておられる方々に役立てていただきたいという
一心で、執筆者は何度も推敲を重ねてきました。そうして、ようやく
刊行に漕ぎ着けました。

　過去 20 余年を振り返ってみますと、子どもたちの成長発達を考え
る上で、学校と家庭・地域社会の関係に対する関心は高まり続けてき
ました。言うまでもなく、三者が互いに信頼し、連携、協力できるか
どうかが、子どもたちの生活と教育に重要な影響を及ぼすことになる
ということです。

　学校と家庭・地域社会との協力関係に関心が注がれるようになった
背景はいくつかあります。

　第一に、子どもたちの安全な学校生活ひいては命を守るために、地
域の協力が大切だという実感です。2001 年 6 月 8 日に大阪教育大学
附属池田小学校で起きた無差別殺傷事件をご記憶の方は少なくないで
しょう。この事件は、学校の危機管理、防犯、防災など、様々な点で
の教訓を残すことになりました。授業中ではなくても、この頃から、
学校の敷地に不審者が侵入して子どもを殺傷するという事件は起きて
います。そこまで重大な事件でなくても、登下校中に不審人物から声
をかけられて危険を感じたといった出来事は枚挙にいとまがないので
はないでしょうか。地域社会の様々な眼で子どもたちの安全を守るこ
との重要性が、少なくとも学校の教職員と保護者の間では強く意識さ
れるようになりました。

第二に、学校で行う教育活動の内容が机上の勉強を超えて大きく広がりをみせてきたことです。長引く経済不況や科学技術の発展あるいは社会のグローバル化の急激な進展など、様々な意味で社会の先行きは不透明さを増しています。そのような社会を迎えて社会人になってゆくことになる子どもたちが豊かな人生をしっかりと歩んでいけるようにするには、体験的な学習が欠かせません。職業やキャリアを考えるために地域社会の様々な人たちの中で実地に学ぶ職業体験学習や、社会の中での自分自身の役割を考え様々な立場の人々のために貢献するボランティア学習などは、そうした問題意識のもとで企画、実施されています。また、学校の先生以外の方で特定の事柄について優れた経験や知識・技能をもっている人にゲストティーチャーとして授業に協力していただく機会も増えていると思います。いずれも、学校という空間に縛られることなく、子どもたちが「ホンモノ」に触れながら将来に役立つことを学ぶ機会を広げていこうとするものです。

　第三に、子どもたちが抱えている課題状況の深刻化にも関心を向けなければなりません。新聞やインターネットあるいはテレビのニュースで報道される事件の中には、児童虐待や子どもの自殺などの悲しい出来事が後を絶ちません。厚生労働省は3年間隔で国民生活基礎調査を実施しています。最新の調査は2019年に実施されたものですが、それによれば子どもの貧困率は14.0%で、約7人のうち1人が貧困の状態にあります。子どもの貧困問題は経済的な困窮ということにとどまらず、家庭での虐待、低学力、不登校や高等学校中途退学など、子どもたちの健全な成長発達や将来の職業を左右する様々な問題とつながっています。また、貧困な状態に置かれている保護者にとっても、雇用不安や子育てでの孤立など、一人の力では解決困難な問題が横たわっているケースが少なくありません。こうした状況を少しでも改善して子どもたちが安心して生活できるような環境を整えるには、学校と保護者・地域の協力が欠かせません。

　ご存知のように、国の施策としても学校と保護者・地域社会の連携・協力を深めることを意図した事業が次々に実施されてきました。例えば、学校運営に保護者・地域の人が直に参加できる仕組みとして学校

運営協議会がつくられ、そのような学校を「コミュニティ・スクール」と呼ぶようになりました。2020 年 7 月時点で全国のコミュニティ・スクールの数は 9,788 校に至っています。また、地域の高齢者を含む大人や学生、保護者、さらには PTA、NPO、民間企業等の団体が協力して、地域全体で子どもたちの学びや成長を支える「学校を核とした地域づくり」を意図して地域学校協働活動と呼ばれる活動も国の奨励で広がりをみせています。今では、コミュニティ・スクールと地域学校協働活動を一体的に推進する動きが進んでいます。

このように考えてみると、子どもたちの命の安全や健全な成長発達を保障する上で、関係する様々な立場の主体が連携し協力することの重要性は年を追う毎に増しています。ところが、それに反比例するかのように、地域社会の中の人間どうしのつながりは後退しているように受けとめられます。日本各地で人口減少が進み、多くの学校が統廃合を余儀なくされている今日、自然の成り行きに任せていると学校と保護者・地域社会との関係はどんどん疎遠になっていく可能性があります。

こうした社会変化を踏まえて、PTA は保護者どうし、あるいは学校と保護者との関係をつなぐ重要な役割を担っていると思います。もちろん、PTA という組織がなくても、地域の中で子どもたちの成長発達をとりまく大人どうしの結びつきをしっかりと創り、維持することが欠かせません。

子どもたちの生活と育ちに、それぞれの立場で関わりをもっている身近な人々（保護者、学校の教員、地域の人々など）が、教育についての基本的な理解を深めていただくことを、本書は目指しています。多くの方々に本書を手に取っていただき、身近な地域社会の中で、明るい未来を想像しながら教育について語り合い、よりよい環境づくりに役立てていただければ幸いです。

2021 年 6 月

筑波大学教授　浜田　博文

目　次

監修のことば

第1章 PTA と教育〜 PTA とは〜

第2章 日本における教育の仕組みと課題

第3章 社会教育とは

第4章 家庭教育支援とは

巻末資料

発刊に寄せて

PTA と教育
〜PTA とは〜

日本PTAの歩み

PTAを支えてきた人々の熱い思いを知るために

日本PTAの歴史を振り返ることは、今私たちが置かれている現状を知り、将来を展望するために必要で有効な手段です。この節では誕生からの歴史を知り、PTAの原点を見つめ、将来の方向を探ってみます。

この節のPOINT！

- ● 戦後の混乱期の中で、民主教育の推進と児童生徒の健全育成の理想を掲げPTAが誕生しました。誕生までの経過を確認しましょう。

- ● 学校単位のPTAが地方や全国の連合組織をつくることで、活動の幅を広げ、社会的使命を有するようになっていきました。連合組織ができるまでの動きを知り、連合組織の意義と役割を再確認しましょう。

- ● 草創期のPTAが戦後の教育制度と施設・設備の充実に大きく貢献し、児童生徒のための諸活動を行いました。その活動の一端を知り、当時の人々の思いに触れましょう。

- ● 学校後援会的な性格から、社会教育団体への脱皮など、PTAの在り方は時代の流れと教育環境の変化の中で常に進化を繰り返してきました。「変わらないこと」と「変えること」について考えてみましょう。

- ● 公益団体として社会教育における重要な役割を担うことで、存在意義が一段と増しています。新しい教育課題に対して、これからのPTAはどう向き合えばよいか考えてみましょう。

1　PTA の誕生

　戦後の混乱期の中でしたが、1948（昭和 23）年には早くも PTA が組織され、活動が始まります。PTA に熱い思いを込め、児童生徒のためにと活動を始めた草創期の PTA の姿を知り、活動の様子を振り返ってみたいと思いまず。

（1）「父母と先生の会委員会」設立

　文部省が、1945（昭和 20）年 9 月 15 日に「新日本建設の教育方針」を発表したときから、日本の PTA の歴史が始まりました。その後、米国から派遣された教育専門家によって、戦後の日本の教育に関する基本的な方向性を示した第一次米国教育使節団報告書が取りまとめられました。この報告書には、成人教育の必要性が示され、父母と教師が協力して活動を進める内容が記載されています。

　これを受けて、文部省は各都道府県社会教育所管課長会議を開き、PTA の趣旨を説明し、その普及を奨励しました。普及にあたり、1947（昭和 22）年 10 月 19 日、省内に「父母と先生の会委員会」を設けました。

　この委員会は父母、教育者、学識経験者及び文部省職員で組織され、「『父母と先生の会』の健全なる発達を促進する方法を研究審議し、その運営活動に必要なる参考資料を作成する」ことが目的でした。

（2）「PTA 参考規約」の作成

　1 年間の研究を踏まえ、1948（昭和 23）年 10 月 20 日に、PTA の基本法ともいうべき「PTA 参考規約（第一次参考規約）」を取りまとめ、PTA の目的、方針、会員、役員等、各単位 PTA での規約検討や作成に役立つ具体的な内容を示しました。その一部を抜粋してみます。

第2章　目的
第1条　本会は、左の諸項を目的とする。
　一、家庭、学校及び社会における児童青少年の福祉を増進する。
　二、家庭生活及び社会生活の水準を高め、民主社会における市民の権利と義務とに関する理解を促すために、父母に対して成人教育を盛んにする。
　三、新しい民主的教育に対する理解を深め、これを推進する。
　四、家庭と学校との関係を一層緊密にし、児童青少年の訓育について、父母と教員とが聡明な協力をするようにする。
　五、父母と教員と一般社会の協力を促進して、児童青少年の心身の健全な発達をはかる。
　六、学校の教育的環境の整備をはかる。
　　　　　　　　（※以下七～十は略　詳しくは巻末資料を参照）

　PTAの目的として「福祉の増進」「成人教育」「児童青少年の健全育成」「教育環境の整備」などを掲げ、父母と教員が手を取り合って民主教育を推進していこうとする熱い思いが伝わってきます。それらはPTAの存在意義として色あせることなく現在にも引き継がれているのです。
　この「PTA参考規約」に基づいて、各学校にPTAがつくられていくのですが、次項ではその過程をたどってみます。

（3）学校におけるPTAの誕生

　文部省（当時）は、1947（昭和22）年3月5日、「父母と先生の会－教育民主化のために－」と題するPTA結成の手引き書を作成し、全国都道府県知事あてに送付しました。
　この中でPTAの趣旨を、「子ども達が正しく健やかに育って行くには、家庭と学校と社会とが、その教育の責任をわけあい、力を合わせて子ども達の幸福のために努力していくことが大切である」とし、

「先生が中心となった会ではなく、<u>先生と父母が平等な立場に立った新しい組織を作る</u>のがよい」と述べ、会の作り方、運営の仕方、運営費の作り方、会の役割などを具体的に詳しく説明しています。

　これらの PTA 設立の勧奨活動により、各地域で PTA 設立の気運が高まり、一気に組織化が図られるようになっていきました。1948（昭和 23）年 4 月には、全国の PTA 設置状況は小・中学校とも早くも 7 割近くに達しています。ただし、学校後援会、父兄会などの旧来の組織のみがある学校、あるいはそれと新組織が併存している学校もかなり（3 割ほど）残っている状況も見られました。

　急激な設立・発展を遂げた PTA 運動も、全国組織ができ、戦後の教育制度の創設に尽力し、教育条件の改善充実に努めてきたことで、学校教育費への公的負担の方向が明確になってきました。そうなると、<u>これまでの学校後援的な活動ばかりではなく、PTA 本来の成人教育、両親教育、青少年教育などを進める社会教育団体としての活動をこそ推進すべきではないか</u>との声が一段と大きくなってきました。そしてこれまでの活動について反省し、新しい活動を模索する時代へと移っていきます。

　日本 PTA 全国協議会の新たな取組を当時の記録から拾ってみます。

　1961（昭和 36）年 2 月 24 〜 25 日、日本 PTA 全国協議会は宮城県鳴子町で第 1 回成人教育全国研究大会を開催し、全国的に成人教育への取組を促そうとしました。また、同年 5 月には、兵庫県明石市で第 1 回児童生徒愛護活動全国研究大会を開催し、児童生徒の健全育成について議論を深めました。

2　PTA 連合組織の結成

　全国各地の学校に PTA が組織されるようになると、それぞれの地域ごとの連合組織、さらに全国の統一的組織の結成が意識されるようになりました。その動きを追ってみましょう。

（1）連合組織結成の経緯

　1948（昭和23）年1月17日、東京都私立中等学校父兄会連合会が明治大学で「日本PTA結成促進準備会」を開催しますが、これは全国レベルでの一体的組織の結成を企図したものでした。

　同年6月4日には、東京都母の会が父母会の連合組織を発展的に解消する意図で、上野の文化会館において「東京都父母と先生の会大会」を開いています。

　同じく、5月27日〜28日には、神田の東京都教育会館で、小学館教育技術連盟の主催で「PTA研究協議会全国大会」が開かれました。11月6日〜7日には、早稲田大学において東京文理科大学PTA研究会の主催で「PTA全国研究協議会」が開かれました。

　PTAの全国組織については、「学校を単位とした『父母と先生の会』がたくさん出来上がり、これが市町村ごとに、さらに府県ごとに連絡をもった大きなまとまりとなって拡がり、最後に全国父母と先生の会協会が設立されるようになれば、『父母と先生の会』は非常に活発な活動を繰り広げることもできるし、大きな力となって教育の振興に、更には社会改良運動に貢献できるであろう」と、文部省としても当然の課題としていました。

（2）全国連合組織の誕生

　1950（昭和25）年9月22日の第二次米国教育使節団報告書においては、「日本における教育再編成の一環として教育委員会が市町村ならびに都道府県単位に設立されつつある。また、『父母と先生の会』の全国的な組織ができようとしている。この両者ともに、民主的教育計画を全国的に展開させるのに重要な役割を演じている。」と述べるとともに、社会教育の項で「成人教育計画において特に奨励されるべき大きな力の源は二つある。『父母と先生の会』とユネスコ関係団体とである。この両者はともに日本の将来に著しい貢献をなすことができる。そして、教師も教育家もこれらの団体への参加と、その目的及び計画の理解を高めるよう奨励すべきである。」とされ、PTAが日本の民主化にとって大きな

第1章
～PTAと教育
～PTAとは～

第2章
日本における教育
の仕組みと課題

第3章
社会教育とは

第4章
家庭教育支援
とは

役割を果たしていることを評価するとともに、PTA の全国化を強く奨励しています。

　1950（昭和 25）年に入ると、文部省は全国組織の結成を積極的に指導するようになり、同年 2 月 1 日〜 4 日に、神田の共立女子大学において、全国組織結成に向けて、文部省主催の「第 1 回全国 PTA 研究協議会」が開催されました。

　この協議会では、全国及び地方別の PTA 連絡組織の結成に関して研究協議がなされました。同年 4 月には、芝の慶応大学で第 2 回が、引き続いて第 3 回協議会が 7 月に共立女子大学で開かれ、その年の 11 月 14 〜 15 日にはお茶の水女子大学で「日本の父母と先生の会全国組織結成準備会」が開かれ、今後、全国 8 地区の代表者からなる常任委員会が準備を進めることが約されました。

　1952（昭和 27）年 10 月 14 日〜 16 日に、東京で「日本父母と先生の会全国団体結成大会」が開かれ、ついに、念願の全国協議会が結成されることとなりました。

　日本父母と先生の会全国協議会は、1953（昭和 28）年 8 月 29 日〜 31 日に、三重県宇治山田市において、第 1 回全国 PTA 大会（のちの研究大会のもと）を開催しました。約 1,300 名の参加を得て、両親教育促進の方策、連絡協議会の運営、PTA の健全な発達のための P と T の協力の在り方などを研究討議し、義務教育無償の貫徹、教育財政の確立、学校給食法の制定促進などを決議しています。

　団体の名称は、同年 12 月 25 日に「日本 PTA 全国協議会」に、1954（昭和 29）年 8 月 25 日には、「日本 PTA 協議会」に、さらに、1957（昭和 32）年 8 月 27 日には再び「日本 PTA 全国協議会」へと変更されていきました。

　以上足早に草創期の歴史をたどってみましたが、民主的教育を進める上で、より多くの保護者が共に学び、活動の方向を共有するため、連合組織の結成が必要であったことがわかります。

3 草創期における PTA 活動

　全国組織が出来上がったことで、より大きな課題に対しても取り組むことができ、様々な方面で活動の幅が広がりました。草創期の日本PTAがどのような活動を行ったか、またどのように発展していったかを見てみましょう。

（1）戦後教育への貢献

　この当時の日本PTAの活動は、戦後の学校関連諸制度の整備充実への要求を大きな柱としていました。学校給食の制度化、2部授業の撤廃、校舎の増築、青年学級の創立、教科書無償配布、学校保健の実施など、文部行政に対して保護者の立場からの要望をまとめて要請するとともに、それを受けた文部行政の施策の実施に向けて、財政当局への要請活動を精力的に行うというものでした。戦後の教育制度、教育の条件の整備充実に多くの貢献を果たしたといえます。

（2）子どもの健康・安全をめざす活動

　この時期、日本PTAとしてもっとも大きな力を注いだのは学校給食の円滑な実施、そのための法制度化への要請行動でした。学校給食は、戦前から貧困児童救済などの観点から行われていましたが、戦争の深刻化とともに中止されていました。終戦後、1946（昭和21）年に極度の食糧不足に対処し、発育の助長と健康保持を目指して、すべての児童対象に給食が行われることになりました。

　ところが、1951（昭和26）年、学校給食の継続が困難となり、PTAをはじめとする関係団体や一般国民から給食実施への強い要請がなされました。こうした熱烈な世論に応えて、学校給食継続の閣議決定が行われ、給食実施に必要な財源を国庫負担することになったのです。

　その後もたびたび継続が困難な事態が生じましたが、全国的に学校

給食法制定への機運が高揚し、日本PTAが中心となって全国学校給食推進協議会を創り、活発な運動の展開を進めた結果、1954（昭和29）年6月に学校給食法が制定され、1956（昭和31）年には小学校から義務教育を行う学校全体に拡充されました。

　同時に、子どもの健康・安全の確保もPTAにとっては大きな課題でした。戦後の学校保健委員会ではPTAは大きな役割を果たしていました。1955（昭和30）年5月には、児童の災害補償について衆議院文教委員会に要望を行うなど積極的な取組を進めました。こうした努力の甲斐もあり、1958（昭和33）年4月に学校保健法が公布され、1959（昭和34）年12月には日本学校安全会法が公布されるに至ったのです。

（3）社会教育を担う団体として

　1949（昭和24）年6月、社会教育法が公布され、PTAは同法の社会教育関係団体としての取り扱いを受けることとなりました。また、同年7月、文部省設置法公布に伴い「父母と先生の会委員会」は「社会教育審議会父母と先生の会分科審議会」と改称され、さらに、1954（昭和29）年6月には、父母と先生の会分科審議会が「成人教育分科審議会」へ発展的に統合されました。こうして、PTAに対する行政上の体制が整えられていったのです。

　この間、文部省ではPTA担当の行政担当者の資質向上を図るため、1952（昭和27）年7月に3日間、京都嵐山で全国PTA事務担当者研究協議会を開催しました。

　また、1953（昭和28）年2月には、父母と先生の会分科審議会が、教員養成課程にPTA・両親教育を入れるべきことなどを建議しています。

　このような経過をたどり、PTAという組織が「社会教育団体」としてきちんと位置づけられ、社会教育に関して重い役割を担うことになっていったのです。

（4）全国の会員をつなぐ機関誌の発行

　1953（昭和28）年12月、機関誌『日本PTA』が創刊されました。当時の記事では、地方の活動紹介、両親教育などが多く載せられています。選挙に関連して各政党の教育関連公約一覧などが載っているのも注目されます。その後も発行され続け、全国の会員、各学校PTAと日本PTA全国協議会をつなぐものとして、重要な機能を果たし続けています。

4　社会教育団体としてのPTA

　今日のPTAは、単なる学校の後援会ではなく、児童生徒の健全育成や会員自身の生涯学習の場として機能しています。そこに至るまでには様々な変遷があり、努力も必要でした。この章では、社会教育団体として認知されるまでの歩みを振り返ります。

（1）社会教育団体への脱皮

　1954（昭和29）年3月、社会教育審議会父母と先生の会分科審議会は小学校「父母と先生の会参考規約改正案」を発表しました。

　PTAの目的については、父母と教員とが協力して、家庭と学校における児童・青少年の幸福な成長をはかることとし、教育を本旨とする民主団体と性格付けをした上で、その活動方針として、児童青少年の教育・福祉のための団体・機関とし、特定の政党や宗教にかたよることなく、もっぱら営利を目的とする行為は行わない等と規定しています。

　わが国では、アメリカでPTA運動が始まった年の翌年の1899（明治32）年には、すでに、東京市に最初の学校後援会が結成されていました。その後、多くの学校に、後援会、奨学会、父兄会、父母会、母婦会、母の会など、様々な名称による団体が作られました。表向きは教育の振興を目的としていたものの、実態的には学校に対する物的援助（公費の補填）が主な役割でした。

　こうした旧組織の「発展的解消」と新しい組織の結成が盛んに議論されました。しかし結局は単に名称が PTA と変わっただけで、内実はほとんど旧組織と同じというものも少なくありませんでした。

　急激な設立・発展を遂げた PTA 運動も、全国組織ができ、戦後の教育制度の創設に尽力し、教育条件の改善充実に努めてきたことで、学校教育費への公的負担の方向が明確になってきました。そうなると、これまでの学校後援的な活動ばかりではなく、PTA 本来の成人教育、両親教育、青少年教育などを進める社会教育団体としての活動をこそ推進すべきではないかとの声が一段と大きくなってきました。そしてこれまでの活動について反省し、新しい活動を模索する時代へと移っていきます。

　日本ＰＴＡ全国協議会の新たな取組を当時の記録から拾ってみます。

　1961（昭和 36）年 2 月 24 〜 25 日、日本ＰＴＡ全国協議会は宮城県鳴子町で第 1 回成人教育全国研究大会を開催し、全国的に成人教育への取組を促そうとしました。また、同年 5 月には、兵庫県明石市で第 1 回児童生徒愛護活動全国研究大会を開催し、児童生徒の健全育成について議論を深めました。

　その後、交通事故の増大に伴って、子どもたちの安全確保が社会問題になり、政府内に「交通安全国民会議」が設立されると、日本 PTA 全国協議会としてもそれに積極的に参加していきます。また、青少年の体力の低下が問題になって、「健康体力作り国民会議」が設立された際にもそれに参加するなど、他の関係団体と積極的な連携を図って、社会的な活動に努めるようになってきました。

　ここにきてようやく後援会的性格から、社会教育団体へと質的な変化を遂げたのです。

（2）PTA の活動に対する公的補助

　現在、日本 PTA 全国協議会をはじめとして、多くの PTA 地方協議会や郡市区町村 PTA が国や地方公共団体の財政的支援を受けています。それは PTA 発足当初からのものではありません。どのような

流れの中で公的な補助がなされるようになったのでしょうか。この関係について歴史を紐解いてみます。

　戦後の社会教育団体が社会的に有用な活動を展開していく中で、団体に対する補助の必要性の認識が国民の中に高まってきました。これを受けて、憲法第89条（公の財産の支出又は利用の制限）に該当しない範囲内で国庫等による助成ができるように、1959（昭和34）年4月、社会教育法の旧規定（第13条）が改正されました。

　これにより、社会教育の普及奨励に関する事業や団体間の連絡調整などの事業については、国や地方公共団体からの助成が可能となりました。文部省は、1960（昭和35）年度に、「社会教育関係団体補助金」を創設し、PTAを含む社会教育関係団体に対して、その活動についての援助を始めました。（この補助金は1978（昭和53）年度に「民間社会教育活動振興費補助金」に名称が変更されました。）

　文部省による補助の動きを受け、日本PTA全国協議会は、1971（昭和46）年度には、「PTA指導者の研修支援事業」を、1977（昭和52）年度にはPTAによる地域づくりを推進するための「PTA地域活動」などの事業を始めました。

　こうした国による団体や都道府県・郡市区町村への補助事業は、都道府県・郡市区町村によるPTAへの補助事業の契機となるとともに、社会教育団体としてのPTAの機能を発揮・向上させる重要な基盤となっていきました。

　また、1962（昭和37）年12月28日、PTAを財政面から援助して育成することを目的として、財団法人全国PTA協会が設立されました。もとは、日本PTA全国協議会の法人問題から発展して構想されたものですが、行政ばかりでなく民間の中からも、PTAを財政的に支援することの必要が感じられたことの現れだと思われます。PTA自体がその運動を社会教育団体としての運動と再認識するとともに、行政による補助金の道が開けたこともあって、一層、社会教育団体としての役割・活動が意識され、強調されるようになっていったのです。

第1章
〜PTAと教育
〜PTAとは〜

第2章
日本における教育
の仕組みと課題

第3章
社会教育とは

第4章
家庭教育支援
とは

（3）中学生の激増と PTA の要請活動

　昭和 30 年代半ば以降は、生徒数の急増期に当たり、教育環境の整備が教育行政にとって大きな課題になりました。戦後すぐの時代に生まれた第一次ベビーブーマーが中学に進学する時期にあたっていたのです。

　中学生数は、1960（昭和 35）年度には前年度に比べて 71 万人増、翌 1961（昭和 36）年度には 100 万人増、1962（昭和 37）年度には 40 万人増と 3 年間の合計で約 200 万人が急増する状況でした。このため、日本 PTA 全国協議会では、老朽校舎の国庫補助増額、学級編制基準の改定、教職員定数の確保促進を強く政府に要求する活動を進めました。さらに、教育費増額による PTA 公費負担軽減、教科書無償給付、学校給食義務化による給食費負担軽減を要望するとともに、学校保健法の実施に伴う予算の増額、児童生徒災害補償法の制定促進なども要望するなど、活発な要請活動を展開しました。

　日本 PTA 全国協議会の存在意義が増すにつれて、活動の幅が広がり、上記のような重要な課題について活発に取り組むようになりました。児童生徒が学びやすい環境をつくるという PTA の大事な目標は、昭和、平成、そして令和へとしっかり受け継がれていくのです。

5　学校後援会からの脱皮と児童生徒の成長を図る PTA へ

　先にも述べたように、PTA は時代に応じて組織や活動内容の見直しを図ってきています。その波が昭和 40 年代にもやってきました。PTA は学校の後援会というだけの存在でいいのかが意識され始めたのです。社会の変化に対応した PTA の在り方の模索が始まりました。

（1）PTA の在り方に関する再検討

　1967（昭和 42）年 6 月、社会教育審議会は「父母と先生の会のあり方について」報告を行いました。報告では「従前の父母と先生の会の多くは、学校後援会的な事業に重点をおかれ、その面での役割を果た

してきたが、この会結成の趣旨である児童生徒の幸福な成長を図るための会員相互の学習活動や社会活動等は、必ずしも十分に行われてきたとはいえない。」と現状についての評価・認識を表明しました。（下線は筆者）

その上で、あるべきPTAの目的、性格について、「父母と先生の会は、児童生徒の健全な成長をはかることを目的とし、親と教師とが協力して、学校及び家庭における教育に関し、理解を深め、その教育の振興につとめ、さらに、児童生徒の校外における生活の指導、地域における教育環境の改善、充実を図るため会員相互の学習その他必要な活動を行う団体である。」と規定しました。

PTAの活動を通して、学校教育と家庭教育についての教師、親相互の理解と協力の推進とともに、校外での児童生徒との生活指導や教育環境改善のための活動など、地域社会での活動の推進を強調したのです。

さらに、会員構成については「父母と先生の会は学校に在籍する児童生徒の親および教師によって、学校ごとに組織される。」とし、現状を前提に、地域の人々の参加を認めないような規定ぶりになっています。なお、この点については、1971（昭和46）年の文部省社会教育局長の行政実例で「PTA会員の資格については、本来それぞれのPTAが自主的に決定するべきものであり、…在籍児童生徒の親でない者を会員にすることは差し支えない」と回答しています。また、「会の趣旨に賛同する親と教師が自主的にできるだけ多く参加することが望ましい。」とし、加入の自発性の原則を堅持しつつ、全員参加という網羅的な加入をも認めるような曖昧な言い方になっています。

なお、付記において、この報告が、1954（昭和29）年の小学校PTA参考規約に代わるものとして位置づけられています。（第三次参考規約）

1969（昭和44）年10月31日付けの機関誌『日本PTA』には、「私たちPTAの主張」として、PTAは学校の付属団体でも後援会でもなく、ボランティア団体であり、したがって、学校に干渉しない、学

校から干渉されない自主的団体であること、自分の子どものための運動ではなく、広く子どものために、しかも世界的な運動の一環として行うものであると反論するとともに、全国各地で PTA の使命と役割について徹底的に分析・研究することを呼びかけました。

　こうした中、日本 PTA 全国協議会と各地方協議会との意志疎通を十分に図るため、日本 PTA 全国協議会の事務事業についての情報連絡資料として「日Ｐ月報」が発行されるようになりました（第１号発行：1969（昭和 44）年、以後月１回発行、1997（平成９）年まで継続）。

　こうした動きを受け、日本 PTA 全国協議会では、「日本 PTA ビジョン」（全国の会員の検討素材）を作成し、PTA の全国組織の存在意義を確認するとともに、全国の PTA 運動が社会教育団体としての特色を一層強めることを訴え、各段階での PTA 組織で検討することを求めています。また、これによると、日本 PTA 全国協議会の事務所の確立、事務局の整備、役員の責任体制の強化、会費収入による会の運営、会員の自由加入制漸次確立、女性会員の地位の向上、一般教員・社会教育関係職員の日本 PTA 全国協議会への参加、会計の民主化・監査制度の強化、各種委員会活動の強化、広報活動の強化、研究調査機能の拡大などが提言されています。

　さらに日本 PTA 全国協議会では、1970（昭和 45）年６月、「PTA 在り方委員会」を設け、抜本的に機関としての在り方を検討し始めました。当時、日本 PTA 全国協議会役員の資格について議論があり、子どもが公立小中学校に在籍している父母に限るのか、必ずしもそうした父母に限らず門戸を広く社会に開くべきなのか、各学校 PTA にあっては在籍父母であることが望ましいが連合体にあっては限定の必要はないと考えるべきだ、など様々な議論がなされました。1971（昭和 46）年１月の文部省の回答『PTA 会員の資格について』では、自主的な団体である各段階の PTA で独自に決めればよい問題であるとされています。

（2）児童生徒の健全な成長を図る取組

　また、昭和40年代後半は、物価の急激な上昇に見舞われた時期であり、教育にかかる経費の高騰はPTAにとっても大きな課題になっていました。1972（昭和47）年1月、学校給食予算獲得への陳情活動、同2月公立学校授業料の値上げ反対陳情、11月には公立文教施設整備予算確保要望、12月学校給食補助要望を行い、1974（昭和49）年も学校給食用牛乳価格の年度内据え置き要望、2月には文部省大臣・社会教育局長に学用品、文房具類の値下げについて陳情と、この間教育環境の整備充実のために、精力的に活動を展開しました。

　昭和50年代前半、青少年非行は戦後第3のピークを迎え、学校でも校内暴力事件などが多発するようになりました。こうしたことの背景の一つとして、子どもたちの教育環境の悪化やマスコミの悪しき風潮の影響などが懸念されました。日本PTA全国協議会ではこうした結果をもとに、教育環境浄化を目指す観点から、放送機関、番組提供企業、文部省、郵政省、自民党などに要望・陳情活動を行いました。

　テレビのほか、有害図書の排除についても積極的な運動を展開しています。1980（昭和55）年4月、有害図書の自動販売機を通学路に設置することを禁止するように法規制を求める請願書を国会に提出しました。加えて、有害図書の自動販売機そのものを設置することを禁止すること、青少年に対する猥褻図書の販売を禁止することなども訴えました。また一般の成人に対しても有害図書の不買を呼びかけました。翌1981（昭和56）年3月には、有害図書の自動販売機を通学路、それに順ずる道路に設置することを禁止する法律の制定を求めて署名活動を行い、255万人の署名を集めました。11月には、有害図書自動販売機規制についても調査を行いました。

（3）社団法人への移行

　日本PTA全国協議会としては、中央組織としての多様な活動の展開、安定的な組織運営の確保の面から、法人化が大きな課題でした。1982（昭和57）年度に入ると、法人化の気運が高まり、1983（昭和

第1章
〜PTAと教育
PTAとは〜

第2章　日本における教育
の仕組みと課題

第3章
社会教育とは

第4章　家庭教育支援
とは

58）年3月に法人化特別委員会を発足させ、5月には、「社団法人日本 PTA 全国協議会設立準備委員会」を設立し、法人化に向けての準備を進めました。1985（昭和 60）年4月、法人に移行することを総会で正式に決定し、文部省に法人の許可申請書を提出しました。その結果6月 26 日に文部省から許可書を受領しました。

　新組織の名称は、社団法人日本 PTA 全国協議会で、社団法人を構成する社員（規約上は「正会員」と呼ばれる）は、全国の都道府県の協議会と政令指定都市の協議会とされました。

　また、この時期、PTA ハンドブック「PTA のすすめ」が 1984（昭和 59）年1月に完成し、全国に配布されました。さらに、1986（昭和 61）年9月には PTA ハンドブック「私たちの PTA」の編集が始まり、1988（昭和 63）年3月に完成しました。

　日本 PTA 全国協議会では、全国の PTA の参考にしてもらうために、1984（昭和 59）年度から、優れた実践事例を発掘、収集したものをを作成・配布しています。

　第1集は「子どもの生き方をどう手助けするか」であり、以降、父親の PTA への参加促進、家庭の教育力の向上、父母と教師の協力、豊かな学校外活動、ボランティア活動など多様なテーマで毎年編集されています。時代の動きを的確に捉えたテーマ設定で、全国の PTA 活動の活性化につながる先進的な事例を意欲的に収集し、各 PTA へ配布し、さらにそれが十分活用されるように努力していくことが望まれます。

（4）臨教審の発足と日本 PTA のかかわり

　教育問題解決の困難さの深まりのなかで、抜本的な改革が必要との判断から、1984（昭和 59）年に臨時教育審議会（臨教審）が発足しました。臨教審は国民全体に教育改革の必要性を認識させるとともに、教育改革の議論を巻き起こしていきました。

　組織としての体制が整いつつあった日本 PTA 全国協議会では、組織を挙げて、積極的に PTA の立場で今日の教育改革の在り方を模索

し、社会的にアピールしました。1985（昭和60）年6月から1987（昭和62）年8月にかけて、臨教審に対して、4次にわたる提言を行いました。その中で、教育改革の基本的な考え方として大きく打ち出したのが、学歴社会の弊害の是正と生涯学習体系への移行です。さらに、1995（平成7）年から中央教育審議会委員として会長が任命されたのを皮切りに、教育職員養成審議会、教育課程審議会、生涯学習審議会など国の様々な審議会委員として、PTAの立場から教育政策に各種の提案を行っています。

　また、教育課題に対して保護者がどのように考えているかについてアンケート調査を行い、保護者の意見を集約し、改善方策についての検討なども行いました。

　1986（昭和61）年に行った「学歴社会の弊害の是正に関する調査」では、

・日本は学歴が低いと、高い地位に就いたり、収入を得たりすることができない社会であると思う人が5割、思わない人が2割と、学歴が社会的な活動に大きな影響を持つと考える保護者が多いこと。
・子どもには高学歴を望む保護者が9割にも達すること。
・学歴偏重の弊害を是正するためにPTAが行うべき取組としては、保護者の意識改革、子どもの正しい職業観の育成、保護者と教師の連携を図ることが必要と考える保護者が多いこと。

などが明らかにされました。

　さらにこの時期、大きな問題になりつつあった不登校についても深刻な問題として捉え、1988（昭和63）年7月に、日本PTA全国協議会内に「学校生活（登校拒否）に関する調査研究委員会」を設置し、登校拒否の実態・意識などについての調査をもとに検討を行いました。

第1章　PTAと教育
～PTAとは～

第2章　日本における教育
の仕組みと課題

第3章　社会教育とは

第4章　家庭教育支援
とは

6 公益団体としての使命とこれからのPTA

　これまで見てきたように、社会教育団体としての責任ある行動は、PTAの存在意義を高めるとともに、その一方で重い責任を問われるようになりました。教育環境はまだ多くの課題を抱えており、PTAの使命もますます重要になっています。公益法人化はその使命を果たすための手立てでもあり、将来への布石でもあります。この項では、PTAの使命と将来への展望を考えてみます。

（1）学ぶだけのPTAから活動するPTAへ

　日本PTA全国協議会では、社団法人として組織体制が整えられるに伴い、名実ともに公共・公益団体として、新たな多様な事業を展開するようになっていきます。同時に、臨教審への提言を契機に教育改革・子どもの健全な育成に関して全国の保護者を代表して、積極的に発言するようになってきました。様々な教育上の課題について調査し、意見を集約し、行政当局に要望し、社会に問題を提起するようになりました。

　しかし、日本のPTA運動は、さらにこの数年、問題を検討し、関係当局に要請するばかりでなく、問題そのものの解決を目指して、様々な行動を実際に担うようになってきています。たとえば、学校の課題について、PTAの立場から、学校教育そのものに協力するケースが出てきています。学ぶだけの団体から、活動し責任を担う団体へと成長してきていると言えます。また、大きな社会変化のなかで、子どもに対する教育が家庭・学校・地域社会でバランスのとれたものになる必要があるとして、家庭の教育機能の充実、地域社会の教育力の向上および家庭と学校・地域社会の連携協力の必要性が強く認識されるようになってきました。これらの課題に最もよく取り組むことのできるのがPTAであるとして、活動の一層の充実が期待されています。

　これまで、日本のPTA運動は、ややもすると、各学校PTAのレ

ベルでは、会員に主体性や自主性がなく、活発な活動は望み得ないのではないか、また、全国組織においても、巨大な団体でありながら、それに見合う大きな力が発揮できていないのではないかという批判が常に浴びせられてきたことは否めません。しかし、最近になって、PTAの新しい可能性を期待させる動きが、各学校PTAにも様々なPTA協議会・連合会にも芽生えてきているように思われます。

（2）家庭・学校・地域社会をつなぐ要としてのPTA

　1998（平成10）年に、創立50周年を迎えた日本PTA全国協議会は、文部科学省が進める教育改革の方向性を踏まえ、「家庭・学校・地域社会をつなぐ要」としての本来の役割が、以前にも増してより一層求められるようになりました。PTA活動も、三者の連携を目指した活動が中心となってきました。

　今後のPTAは、社会全体の教育力の向上に寄与するために、保護者と教職員が互いを高め合い、かつ子どもたちの健全育成を支援する活動が充実するよう、様々な方策を検討していく必要があります。

　創立60周年を迎えた2008（平成20）年には、科学技術の急速な進歩、高度情報化、少子高齢化、グローバル化等が急速に進み、子どもたちを取り巻く環境が大きく変化しました。そのため学校、家庭、地域社会それぞれが抱える教育的課題はますます困難さを増し、学力向上への取組、家庭の教育力低下への支援、地域における人間関係の希薄化に対する相互連携等について、大きな方向性を示す必要が生じてきました。

　2018（平成30）年、日本PTA全国協議会は創立70周年を迎えました。60周年からの10年間で、最も大きな出来事として挙げられるのは自然災害の頻発と大規模化です。特に2011（平成23）年に起きた東日本大震災はPTA活動にも大きな影響を与えました。学校や地域の枠組みだけでなく、全国組織としての支援の在り方が問われ、PTA活動の新たな側面を知ることになりました。また、これまで一部の地域で取組まれていた「防災教育」というテーマが、全国のPTA活動の

新たな課題となりました。

　その他大きな社会問題となった出来事として「いじめ問題」が挙げられます。学校での指導はもちろん大切ですが、家庭や地域が学校と協働して事にあたることが、これまで以上に重要視されるようになってきました。

　さらにパソコンやスマートフォンなどの普及に伴い、情報機器とどう付き合っていくかは家庭や学校の悩ましい問題となり、両者の連携は必要欠くべからざるものとなりました。

　振り返ってみると、この20年間はPTAとして取り組む課題に質的な変化をもたらした時期だったと言えます。

　今後は、学校を舞台として、学校・家庭・地域が合同で事業を実施したり、地域住民と協力し合ったりすることは、保護者や地域住民の社会教育活動の充実を図ることになり、ひいては社会全体の教育力の向上につながっていくものと期待されています。

　これらに対応する新たなPTAづくりを行うためには、現在PTAが抱える様々な課題を解決し、PTA会員同士が気軽に参画でき、学習しあう場を工夫し、その場を通してPTA活動の大切さを共感・共有することが重要であると考えられます。

　今日、子どもを健康に育てるためには、家庭・学校・地域社会の実質的な連携・融合が不可欠であり、そのことを最もよく担うことのできるのがPTAであり、PTAに対する期待がきわめて大きいことを改めて認識しておきたいと思います。

　ここで、PTA活動の活性化について触れておきます。

　PTA活動の活性化は誰もが悩むことですが、以下の視点でこれまでの活動を振り返ってみてはどうでしょうか。

● PTA活動が男女共同参画社会へ向けてのモデルともなるべき活動となっているか。

● PTA活動への参加が、保護者としてまた地域社会の構成員として当然のことであるとの認識が、企業を含め社会全体に拡がってい

るか。
● 会員自らがやりがいを感じられるような、自主的な事業に取り組んでいるか。
● 組織的な活動ばかりでなく、個々の会員が各自の都合に合わせて柔軟に参加できるような多様な活動形態を工夫しているか。

　前述の事柄は、平成8年の中央教育審議会答申で指摘されている観点をもとにしたものです。すぐに改善できることばかりではありませんが、そのような視点を持ち、改善への意識を持ち続けることが、活性化に向けての第一歩だと思います。

（3）地域連携の担い手としてのPTA

　第2期教育振興基本計画では、学校や社会教育施設等を地域の振興・再生に貢献するコミュニティの中核として位置づけ、多様なネットワークや協働体制を確立するとともに、地域における保護者の子どもの育ちを応援する学習機会を充実する等の家庭教育支援の強化等を求めています。

　2015（平成27）年12月に中央教育審議会において「新しい時代の教育や地方創生の実現に向けた学校と地域の連携・協働の在り方と今後の推進方策について」（答申）が取りまとめられました。そこでは地域と学校が連携・協働して、地域全体で未来を担う子どもたちの成長を支え、地域を創生する活動を「地域学校協働活動」として全国的に推進するよう求めています。そのため、従来取り組んでいた学校支援活動や放課後子ども教室等の活動を「地域学校協働本部」へ発展させていくことが必要であることが確認されました。

　また、地域と学校の連携・協働の推進に向けた改革においては、PTAをはじめとする幅広い地域住民（多様な専門人材、高齢者、若者、青少年団体、企業、NPO等）が参画し、地域全体で未来を担う子どもたちの成長を支え合う「地域学校協働活動」を推進することが大切です。高齢者も若者も共に活躍できる場をつくるとともに、安心して子育てできる環境を整備することは、次世代の地域創生の基盤をつく

第1節　日本PTAの歩み

第1章
～PTAと教育
～PTAとは～

第2章
日本における教育
の仕組みと課題

第3章
社会教育とは

第4章　家庭教育支援
とは

ることになるからです。

　地域が学校のパートナーとなるためには、何をどのように改革すれ
ばよいのでしょうか。例えば、地域学校協働本部と学校との連絡調整
を担当する人材を配置したり、地域学校協働活動を推進するための学
校開放を進めたりすることが大切です。地域が学校のパートナーとし
て子どもの教育に関わる体制が整備されれば、教員が子どもと向き合
う時間を確保できるようになります。また次代の郷土をつくる人材の
育成や、持続可能な地域の創生にもつながっていきます。

（4）公益法人として社会に貢献するPTA

　2013（平成25）年4月1日、日本PTAは内閣府の認可を受け、「公
益社団法人日本PTA全国協議会」として、さらに責任ある全国組織
を目指すことを決意しました。これまで、たくさんの先達・関係諸氏
が築き上げてきたこの組織の存在意義をさらに明確にし、決意の源で
もある社会的責任を着実に果たしていかなければなりません。これか
らの教育にとって大切な使命を有する組織として、さらに発信力を高
め、社会貢献活動を推進していくことが期待されているのです。

　この原点に立ち返り、国が行うあらゆる教育改革や子どもたちを取
り巻く環境整備については、関係する施策等に積極的に意見を述べ、
協議に臨むとともに、然るべき方向性を示していくことが大切である
と考えています。

　そのためにも、教育関係団体や関係諸機関等との連携を密にし、国
全体の教育環境をよりよくすることを検証・議論していく必要があり
ます。文部科学省をはじめ、初等中等教育に関わるすべての団体組織
の方々とともに研究・討議を行い、PTAの在り方が新たな形で進化
し続ける歩みを止めてはなりません。

PTA の組織と活動

第 2 節

よりよい組織と活動のために

この章では単位 PTA（単 P）の
組織のことを学び、その具体的
な役割をまとめました。

この節の POINT !

- 学校ごとに組織される PTA のことを単位 PTA（単 P・単会）と呼びます。一般的な単 P（単会）の PTA 組織は、会長、副会長、書記（庶務）、会計、監査などの役割があり、本部役員と言われます。
- 役員は、あまり役職にこだわらず、得意な仕事を割り振っていくことが良いでしょう。一部の役員や委員に役割を集中させずに、できる範囲で分担しましょう。
- 単 P の目的・運営方針を達成するための手段として、規約の果たす役割は重要です。地域に合い、時代に沿った活動にしましょう。
- 学校や PTA ごとに様々な活動の工夫を楽しむ余裕を持ちましょう。
- 他の単 P の活動を知ることは、自分の単 P の活動を考えるよい機会となります。また、同じ立場で活動している他の単 P の役員との出会いが、新しい発見につながるでしょう。

第1章
〜PTAとは〜
PTAと教育

第2章
日本における教育
の仕組みと課題

第3章
社会教育とは

第4章
家庭教育支援
とは

1　単位PTAの組織

（1）単位PTAとは

　学校ごとに組織されるPTAのことを単位PTAと呼び、略称では「単P」もしくは「単会」などと呼ばれます。

（2）本部役員とは

　PTA組織には、会長、副会長、書記（庶務）、会計、会計監査などの本部役員があります。

　任期は、1年であることが多いようですが、再任を妨げず、複数年になることもあります。

　1年単位で交替することで良い点と悪い点の両方があります。役員は一般の会員より責任が大きくなりますが、教育の専門家や、特別な有資格者である必要はありません。求められるのは、PTAの方針を深く理解するとともに、教育への情熱を持ち、人の和を大切にできるということです。会員の皆さんの声に耳を傾け、民主的な組織運営ができるということが、役員に望まれる資質になります。

（3）役員会とは

　役員会で話し合うことは、
① 　総会に提案する活動方針（案）や予算（案）の作成
② 　担当する委員会（専門部会）がないPTA活動の計画や実施
③ 　委員会（専門部会）からの相談事項についての話し合い
④ 　学校や地域、他のPTA等との連絡調整
⑤ 　学校等への意見や要望
などが一般的です。

（4）役員の役割とは

① 会長の役割

- 会の代表者であり最高責任者。総会などの招集権を持ち統括にあたります。
- 会長の権限（仕事）は、総会や各会議の招集、総会や各会議での進行（議長）役。
- PTAの行事や学校行事でのPTAを代表しての挨拶など。
- 市や町のPTA連合会、協議会への参加・運営や、各種行政の審議会などの委員を委嘱されることで、今日的な課題やPTAの在り方、子どもたちを取巻く環境の変化への対応の方法など、単位PTAの保護者の皆さんが家庭の教育力の向上や子どもと共に歩んでいくための必要な情報の収集や共有、学びを得られるよう情報を得てくるという大切な役割を担っています。

② 副会長の役割

- 会長を補佐し、会の運営にあたりますが、複数名で任務にあたります。
- 委員会や部会の活動が、その年度の方針に沿って運営されているか確認し、意見を集約して会の運営に反映させます。
- 郡市区町村や地区などの連合会・協議会の研修会や講演会などへ参加し、単位PTAの活動に反映させます。

③ 書記（庶務）の役割

- 会の記録をまとめ、連絡や通知係などを担当します。
- 会議の資料の準備、総会の資料の作成、会議のお知らせなどの発送など、運営の様々な用務をこなす役割を担います。
- 会議のレジュメや議事録を作成します。
- 資料の整理をします。
- 業務の流れを把握し、会長や副会長にアドバイスします。

④ 会計の役割

- 予算・決算の責任者。金銭の出納、会計簿の保管整理をはじめPTAの財産の管理にあたります。2人以上選出するのが望ましい

第1章
〜PTAとは〜
PTAと教育

第2章
日本における教育
の仕組みと課題

第3章
社会教育とは

第4章
家庭教育支援
とは

でしょう。
　・決算書・予算書を作成します。
　・PTA会費の流れを把握し、会長や副会長に報告します。

⑤ **会計監査の役割**
　・PTAの会計事務や予算の使い方が適正であるかをチェック（監査）します。
　・役員（会長・副会長等）に疑問を呈したり、問題点を指摘したりします。
　・支出がPTA本来の活動を行うために必要なものであったかチェックします。
　・支出関係書類（請求書、領収書、支出決裁書）が完全であるか確認します。
　・支出関係書類と諸帳簿(現金出納簿)が合致しているか確認します。
　・諸帳簿と預金通帳が合致しているか確認します。
　・預金通帳の入出金記録に不自然なところがないか確認します。
　・監査の結果が適正であれば、総会で報告します。

　監査委員（会計監査委員）はPTAの規約上「役員」に位置づけている場合がありますが、役員会に出席した場合でも、会議で意見は言っても賛否を表する立場にないことを理解しておく必要があります。

（5）委員会とその役割とは

　本部役員以外には委員会（部会）と呼ばれる専門部が組織され、分担してPTA活動が運営されていきます。委員長(部会長)・副委員長(副部会長)を決め、総会で決議した活動方針に則り、担当する委員会活動の計画を立て、実施するところです。PTAによって、名称や役割、委員会（専門部）の数に違いがあります。
　委員会は、P.37の図のように、いくつかの部門に分かれています。
　委員会活動名と内容は、各PTAにより様々です。それぞれのPTA独自の組織で運営しています。

【学年委員会】

　学年ごとの学級委員の集まりの委員会です。学年行事のお手伝いを行います。

【学級委員会】

　学級のとりまとめの代表の保護者です。学級懇談会の司会等を行います。

【地域委員会】

　地域と PTA をつなぎ、地区ごとに行う行事のとりまとめや、地区との連絡、登下校時の見守りやパトロールの活動やその協力のお願いをします。

　また、単 P には様々な専門委員会が設けられ、専門的な分野に分かれ研修を企画し、お知らせを発信します。例えば以下のような委員会があります。

【研修委員会】

　PTA 向けの研修会を企画し開催します。

【図書委員会】

　図書館の管理のお手伝いや、PTA 図書の貸し出しをします。

【広報委員会】

　PTA 新聞の編集や制作・発行を行います。

【保健委員会】

　保健的な研修や健康情報の発信や、給食試食会を開催します。

【安全委員会】

　子ども達の安全な登下校の見守りやパトロールの当番を決め、校区内の危険個所の改善策などを行政へ陳情します。

【バザー委員会】

　PTA 主催のお祭りの中で、バザーを企画し、その収益で学校に必要なものを購入します。

【ベルマーク委員会】

　ベルマークの回収を行い、仕分け作業をし、学校に必要なものに換えます。

第1章
〜PTAとは〜
PTAと教育

第2章
日本における教育
の仕組みと課題

第3章
社会教育とは

第4章
家庭教育支援
とは

【組織図例】

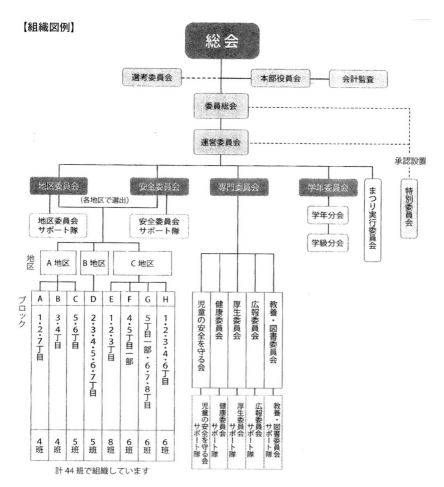

（6）総会とは

　PTAの総会には、「定期総会」と「臨時総会」があります。

　「定期総会」は、毎年度決まった時期に年1回〜2回開催します。

総会で決めることは、

　　・活動方針や活動報告

　　・予算や決算

　　・役員

　　・規約改正
　　・その他の重要事項
というのが一般的です。

　年2回開催の場合は、1回目の総会で、決算、活動方針、予算が決議され、3月を中心に開催される2回目の総会では、活動報告、中間決算、新年度役員選出が決議されるのが一般的です。
　年2回開催の場合のメリットは以下のことが考えられます。
　　・総会という場で保護者の意見を聞く機会が増える。
　　・卒業していく会員に事業報告や中間決算の報告ができる。
　　・新年度の役員が新年度の活動方針や予算を話し合う時間的余裕ができる。
　　・入学式の挨拶はその年度の会長ができる。
こうしたメリットが挙げられますが、その一方でデメリットもあり、
　　・会員が出席すべき回数が増える。
　　・前年度の会員で新年度の役員選任を決議する場合、新入会の会員から異論が出される場合がある。
などの課題もあります。

　「臨時総会」は、年度の事業計画、予算などを大幅に変更するとき、新年度に備えて早めに規約を改正するとき、役員の人事にかかわるときなどのように、緊急に決定しなければならないときに開催されます。

　委任状制度や定足数（ていそくすう）などのルールを決めて、出席できない会員が出席する会員に賛成・反対の権利を委ね任せる委任状を提出してもらうことで、出席できなくても総会の決議に参加することができる制度もあります。委任された会員は、自分の一票と委任された人数分の票を持っていることになります。また、「委任される会員氏名が未記入の場合は会長が委任を受けたとみなす」などの細かい取り決めをしているPTAもあります。

第1章
〜PTAとは〜
PTAと教育

第2章
日本における教育
の仕組みと課題

第3章
社会教育とは

第4章
家庭教育支援
とは

　定足数とは、総会の成立に必要最小限度の人数のことです。会員全員が出席していなくても定足数を超えていれば、そこで決めたことは有効となります。定足数には委任数も含まれますので、総会成立宣言では「出席者数○名、委任者数△名、合計▽名で定足数の□名を超えていますので、この総会は成立しています。」と宣言することが一般的です。

　ここで自然災害や感染症対策のため、どうしても総会を開くことが困難な場合、どのような方法があるかについて付記しておきます。インターネットを使って会議を開く方法も考えられますが、会員の多い総会の場合はなかなか難しい面があります。

　ここでは「書面決議」（あるいは「書面附議」）という方法について説明します。これは会員が一堂に会することなく、書面を通じて意思を確認し、議案についての可否を問う方法です。

　まず総会の議案書を準備することは通常の総会と同じです。ただ対面での総会ならば、議案説明ができますが、書面決議の場合それができないので、わかりやすく、ていねいな議案書を作るとよいでしょう。

　それを何らかの方法で（例えば児童生徒を通じて）会員のもとへ届けます。その際、会員の意思や可否を記載する回答書を添付します。決まった形式があるわけではありませんが、議案ごとに可否及び意見を記載する欄を設けておきます。

　期限を設け、それまでに回答書がPTAの担当者に届くようにします。回答の方法については、児童生徒を通じて返答してもらうか、郵送やファックスで返送してもらいます。他にメールを利用するなどの方法が考えられますが、集計作業や記録として残すことを考えると、やはり書面でのやり取りが安全で確実かと思われます。

　その際、注意すべきことは前述した「定足数」に関することです。あまりにも回収率が低い場合、それをもって総会の決議に代えることはあとで問題が生じかねません。かといって100％の回答を求めることも無理があります。「定足数」と同様に書面決議をする際の「回答数」をあらかじめ設定し、会員に周知しておく必要があります。

　また対面での会議だと、議案の可否はその場で互いに確認できますが、書面決議の場合は臨時の広報を発行するなどして、必ず結果を知らせることを忘れないようにします。

（7）規約・規程とは

　組織を運営するに当たり「規約」の果たす役割が重要になってきます。規約とは、組織が活動を展開していく上で必要な基本的な取り決めです。PTA によっては、長年活動していることで規約が時代に合わなくなってきている場合もあるでしょう。時代の変化に伴い、社会情勢や会員の意識、また子どもや先生方の意識や価値観も変化してきています。会員同士で話し合いながら必要に応じて改正していくべきでしょう。組織についても同様です。役員会や委員会もかつては有効であったものや、時代が求める新たな委員会が必要な場合もあります。新設・廃止・改善・統合を必要に応じて推進していきましょう。規約で補えない場合は細則を設けていきます。

　規約の変更や改正は通常は総会で行います。規約に盛り込む内容として特に重要なポイントは 2 つあります。

　1 つは、「目的」です。会の目的や運営方針を決め、そのための基本的な活動内容を記していきます。2 つ目は、具体的な運営方法です。会員資格・会費・役員選出方法・任期など明確にします。

2　単位 PTA の活動

　単位 PTA の活動には、具体的にどのような活動があるのか挙げてみましょう。ここでは単位 PTA の諸活動を、PTA 独自の活動、学校と連携した活動（学校支援の活動）、地域と連携した活動の 3 つのカテゴリーで整理してみました。

（1）PTA 独自の活動

　PTA 独自の活動とは、PTA の基本的な目的である「児童生徒の健

第1章
〜PTAとは〜
PTAと教育

第2章
日本における教育
の仕組みと課題

第3章
社会教育とは

第4章
家庭教育支援
とは

全育成」や「会員の研修」などに関する活動を指します。もちろん学校や地域との協力なしではうまくいきませんが、主催者が単位PTAという意味で、独自活動と位置づけました。例えば以下のような活動が挙げられます。

① 家庭の教育力向上のための研修会の開催

「思春期の子育てについて知りたい」「家庭における食育はどうすればよいか」「子どもがスマホ依存にならないか心配だ」などといった不安や悩みは誰もが感じることでしょう。そのような悩みに答え、家庭での指導やしつけに生かすために、研修会を開催することがよくあります。最近では講演を聞くだけでなく、参加型の研修が好評を得ているようです。

今必要と思われる学びの場を企画することで、共に子育ての悩みを共有する機会をつくることができます。

② 自然や人との触れ合いを演出する事業

自然と触れ合う機会が減っている子どもが多くなったと言われます。また人と触れ合うことが苦手という子どもの話を聞くことがあります。そんな状況を踏まえて企画されるのが「林間学校」「キャンプ」「学校でのお泊り会」「スキー教室」などです。自然や人（特に異年齢の人たち）と触れ合うことで、子どもたちの成長にいろいろな良い影響を及ぼすことができます。

一方で、これらの活動は危険が伴うので、事前の準備が大切です。企画・実施には苦労しますが、やり遂げた後の充実感は他の活動には見られないほど大きいものがあります。子どもの笑顔が苦労を吹き飛ばしてくれます。

③ 防災、減災、防犯に焦点を当てた活動

大地震や風水害が頻発する近年、防災や減災に焦点を当てた活動が増えてきました。また、子どもの安全を確保するための活動も重視されています。これらは単位PTAだけでは活動できることが限られるので、多くは学校や地域と連携して行われるようです。

「防災避難訓練」「防災マップの作製」「安全見守り活動」などがそ

の例として挙げられます。

「登下校時の安全パトロール」は、子どもたちを危険から守る活動として、多くの学校で行われています。朝や下校の時間に、交差点や交通量の多いところや危険個所、また人通りの少なくなる場所に立ち、登下校の見守り活動を行います。子どもたちの安全を確保することはもちろんのこと、「おはよう」や「おかえりなさい」と声をかけあうことで、地域での顔見知りが増え、子どもたちが安心して登下校できる環境をつくることもできます。ただ仕事を持っているPTA会員が取り組むには難しい面もあり、地域の老人会やボランティアの方とうまく連携して取り組んでいる例もよく見られます。

④ 児童生徒の健全育成をねらいとした活動

子どもたちの環境が落ち着いたうるおいに満ちたものであってほしいと願うのは、どの保護者にも共通した思いではないでしょうか。その思いに応える活動を取り入れている単位PTAがたくさんあります。

例えば、児童生徒といっしょに取り組む「挨拶運動」はその良い例です。朝の忙しい時間と重なり、実施に際しては工夫が必要ですが、当番制や一人一役などで活動を継続しているようです。

「絵本の読み聞かせ」「図書ボランティア」「標語コンクール」なども、健全育成をねらいとした活動と言えるでしょう。

「子どもたちの健全育成に関する研修会への参加」もよく知られています。PTA主催の研修会が市内・区市郡・県内・県外などで開催されています。それらは、子育ての研修会が中心です。専門的な研修会に参加することで、子育てのヒントや悩みの解決法を学ぶ機会があります。参加したらできるだけ単位PTAに成果を持ち帰り、広めることができればなお効果的です。

（2）学校と連携した活動

学校支援はPTAの役割の大きなものです。学校のお手伝いにとどまらず、それが子どもたちの健やかな成長につながる形で実施されることが望ましいと思います。協力の仕方は、学校の規模や状況により

第1章 PTAと教育
〜PTAとは〜

第2章 日本における教育
の仕組みと課題

第3章 社会教育とは

第4章 家庭教育支援
とは

様々ですが、いくつかの例を紹介しましょう。

① 学校行事運営の手伝い

　学校には様々な行事があります。運動会（体育会）・文化祭・バザー・音楽コンクール・遠足・授業参観（保護者懇談会）等々です。それらの行事は、主に学校が企画し主催しますが、PTAが協力をすることでより運営がスムーズになり、多くの目が入ることでさらに安全な学校行事になると思われます。また学校側にとっては、PTAが関わることで仕事の軽減につながり、その分児童生徒と触れ合う時間が増えることにもなります。

【例】

「運動会・体育会」

　　・テントの設営や片付け

　　・正門などの入場規制やパトロール

　　・トイレの清掃

　　・保護者のシート敷きや場所取りの誘導

　　・PTA種目の係　　など

「バザー」

　　・模擬店の企画開催

　　・パトロール　　など

「遠足」

　　・引率のサポート

「授業参観（保護者懇談会）」

　　・懇談会の司会　などです。

　あるPTAでは中学校の「合唱コンクール」の行事をサポートしました。入場者の整理などが主な業務ですが、それだけにとどまらず、生徒の発表とならんで保護者の合唱も披露したという例を聞いたことがあります。「生徒と先生と保護者が共にある」姿が見られ、好評を博したそうです。

② 学校や児童生徒の様子を地域に伝える広報

　「PTA新聞」や「PTAだより」という広報紙の発行や、ホームペー

ジやフェイスブックなどを開き、学校内のPTA活動をお知らせし、地域の行事の紹介やPTAの参加情報等を伝えます。また、コミュニティ・スクールのように、地域の回覧板にPTA新聞を回すことで、地域に根付いた学校の在り方をつくることもできます。このように、広報の工夫をすることで、PTAや地域の方々だけでなく、他の学校へも様々な活動のお知らせや情報を伝えることができます。情報を知ることで、現状をさらによい活動へと深化させることができ、活動の見直しにもなります。

③ 卒業式や記念行事のときなど、記念品を贈呈

　学校運営に必要なものを、バザーや資源回収やベルマーク回収などの収益で購入し活用してもらうことや、卒業時に今後必要となる記念品を贈呈するなどを行います。このことにより、物を大切にすること、頂いた感謝の気持ちを忘れないことを子どもたちに伝えることも大切です。

（3）地域と連携した活動

　近年、地域からの意見としてよく耳にするのが、「保護者の顔が見えない」「地域の活動に保護者の参加がない」「地域への依頼が多すぎる」など、PTAへの警鐘ともいえる事柄が多く寄せられます。

　私たちは、PTA会員である前に地域の大人であることを忘れてはなりません。「学校・保護者（PTA）・地域」という言葉がよく使われるようになりましたが、地域の方にとって保護者（PTA）は立派な地域の大人です。

　地域連携のポイントは、相互信頼と役割分担です。自分たちでできないからと言って何でもかんでも地域にゆだねるという考え方は慎むべきです。そのような意味で、PTAの活動が地域と良い状態で連携していることが肝要です。

① 地域の特性を生かした行事への参加

　その地域の祭礼や伝統行事など、地域の特性を生かした行事が多々あります。ある地域では「子供歌舞伎」が盛んに行われ、祭礼の際に

第1章
〜PTAとは〜
PTAと教育

第2章
日本における教育
の仕組みと課題

第3章
社会教育とは

第4章
家庭教育支援
とは

は多くの市民が観覧します。地域の行事ですが、裏方としてPTAの応援が大きな力になっています。

　また、ある学校では伝統の民謡と踊りを代々受け継いでいます。日頃からの練習も、本番の発表会での衣装の着つけなども、PTA行事に位置づけて取り組んでいます。子どもたちと一緒に地域や学校の伝統や歴史を知り、その意味を知るよい機会になっています。

　上記の活動の他、学校やPTAごとに様々な活動があります。PTAの活動は、子どもたちが多くの大人たちから温かく見守られ育っているということを感じられるものです。

② 地域の諸団体と共に取り組む活動

　日頃から地域の自治協議会や子ども育成会など、地域団体と連絡を密に取っておきたいものです。そして積極的に会員に呼びかけ、地域ぐるみで活動に取り組むことが必要です。私たちはPTA会員であると同時に、地域の一員なのです。

　以下に具体的な共同活動の例を挙げてみます。

・地域・学校と連携した定期的なパトロール
・子どもたちの校外における安全の確保
・遊び場の点検
・危険地域・場所の改善・要望
・子どもたちに悪影響を及ぼす環境の浄化

　以上、独自活動、学校と連携した活動、地域と連携した活動と、3つのカテゴリーで述べてきました。ここで気を付けたいのは、その3つの境界線はとてもあいまいであることです。むしろはっきり線を引こうとすることで、互いの関係がぎくしゃくすることさえ考えられます。よく「廊下の掃除」が例に挙げられますが、境界線をはっきりさせたために、誰も掃除をしない箇所ができたり、責任のなすり合いをしたりということが起きます。むしろ三者が共に重なり合って活動するという姿勢が大切なのではないでしょうか。

3　連合会・協議会の組織

改めて説明する必要はないかと思いますが、連合会・協議会には下記のような分類があります。
　・郡市区町村PTA・・・単位PTA（各学校PTA）の集まり
　・都道府県・政令市PTA・・・郡市区町村PTAの集まり
　・日本PTA（全国組織）・・・都道府県・政令市PTAの集まり
　このような連合体を組織する意義と、活動内容について見ていきます。

（1）連合会・協議会を組織する意義

連合会や協議会は、多くの場合、教育委員会や教育事務所などの教育行政単位ごとに設置されます。そうすることで地域単位の保護者の意見や教育関連の情報が伝えやすくなるからです。

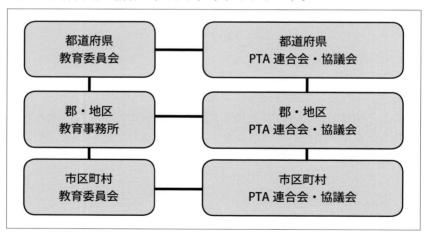

単位PTAの集合体ですので、協議会や連合会は上部組織ではありません。情報の共有や伝達が主な目的になります。トップダウンの組織ではないので、指示や命令が出されるわけではありませんし、それ

を行う組織でもありません。

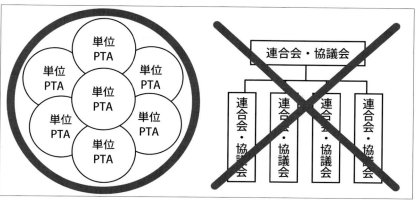

　PTAはそれぞれが、学校単位で組織され、様々な活動を行っています。学校単位、市町村単位、郡市単位と取り組む内容が異なってきますし、対応する教育行政も異なってきます。学校や地域ごとの特性や地域ごとの保護者の声を反映させるために連合会・協議会はあります。

公益社団法人日本ＰＴＡ全国協議会の運営組織

総　会 ─── 理事会 ─── 三役会 ・・・ 法人事務局
　　　　　　　　　　　　　会長、副会長
　　　　　　　　　　　　　専務理事、常務理事　＊監事
　　　　　　　　　　　　　＊顧問・相談役

ブロック協議会会長会 ─── 協議会代表者会

◆双方向の情報の伝達・共有◆

単位PTA	⇄	郡・市・区・町・村 PTA連合会・協議会	⇄	64地方協議会・連合会	⇄	9ブロック協議会	⇄	日本PTA全国協議会

※都道府県・政令指定都市

※北海道・東北・東京・関東・東海北陸・近畿・中国・四国・九州

連合会・協議会の運営

（2）連合会・協議会の運営

　運営組織は、単位PTAと大きく変わることはありません。連合会・協議会ごとに役員が構成されています。会長、副会長、委員長、部長などの役員と事務局から構成されるのが一般的です。規模や人数、活動内容も様々です。一例を紹介します。

会長　‥‥　連合体の長になりますが、構成団体の長を兼ねていることも多いようです。
　　　　　　（市区町村協議会であれば、単位PTAの会長など）
　　　　　　集合の単位が大きくなるほど、会長を兼ねることは少なくなるようです。（都道府県協議会であれば、単位PTAの会長ではなくなる等）

副会長‥‥　会長と同様に、単位PTAの会長や市区町村協議会の会長などから選出されます。

委員長・部長‥‥　それぞれの連合会・協議会の活動内容に応じて決められます。選出の方法も、それぞれです。

事務局‥‥　連合会・協議会ごとに設置されます。行政組織の中に置かれていたり、単独で構えたりと、設置形態はそれぞれですが、連合体の活動をしやすくするために、事務局は必要です。

（3）連合会・協議会の活動

　主なもの、一般的なものを下記に挙げておきます。
　　・研究大会
　　・教育行政への要望・陳情
　　・役員研修会
　　・○○○づくり講習会
　　・会長研修会
　　・○○○コンクール
　　・委員会活動　　　　など

第1章
〜PTAと教育
〜PTAとは〜

第2章　日本における教育
の仕組みと課題

第3章
社会教育とは

第4章　家庭教育支援
とは

　単位PTAや連合会・協議会の活動を支援するような活動が多く見られます。例えば、研究大会の中で他のPTAや協議会の活動発表を行い、それらを参考にしたり、ヒントになるよう工夫したりするような活動です。

　また、連合会・協議会は多くの会が集まってできているので、スケールメリットを生かせるような活動も行われています。例えば教育環境を整えるための要望を伝えたり、いじめを防止するためのキャンペーンを行ったりする活動などです。

4　指導者の役割と期待されること

（1）指導者の役割

　ひとくちに指導者といっても、いろいろな指導者があります。スポーツのインストラクター、習い事の先生、地域のリーダー、学校の先生も指導者のひとりでしょう。

　PTAは学校教育現場の児童生徒と異なり、多種多様な世代・年齢・職業・立場の人々が共通の目的を成し遂げるために連携協働します。そして、日本PTA発刊の『PTA応援マニュアル』の"役員をやってみよう"にあるような、役員や各種委員会・部会など複数人で構成された集まりを運営するために、誰かがとりまとめ・進行役を努めていく必要があります。さまざまな人たちに対応した接し方で、時には企画立案役、連絡調整役、ファシリテーター（進行役）、インタープリター（説明役）を果たすことが指導者の役割ではないでしょうか。

（2）指導者に期待されること

　近年、社会教育への期待は大きく、特にPTAは子どもたちのよりよい環境を学校や地域と共に作り上げる活動の中心として不可欠となっています。PTAに限らず、どんな集まり・グループにおいても指導者役がいないと、話し合いの呼びかけも会議の進行も目的や活動の明確化も決定した内容の推進も叶いません。

　こうした重要な役目となる指導者には、参加者の緊張を解きほぐすアイスブレーキングに始まり、多様な意見を引き出し、仕分け、熟議、とりまとめ、それを活動につなげるようなスキルが求められます。

　また、既存の行事や活動が、時代の要請と乖離していたり、異なっていたりする場合は、やり方を変更したり取りやめたりといった決断をする役割も担います。いずれにしても、参加者や構成員が状況や目的を共通認識し、それぞれができることを分担しながら、楽しく活動ができるように、指導者が様々な情報やネットワークも活用することです。

　2019（平成31）年1月25日の中央教育審議会が、学校における働き方改革について答申した中で、「社会に開かれた教育課程の理念を踏まえ、学校内外を通じた子供の生活の充実や活性化を図るためにも特に、教師と保護者で構成されているPTAに期待される役割は大きく、その活動の充実が求められる」としています。

　また、「最後に、中央教育審議会として保護者・PTAや地域の方々にお願いをしたい。（中略）子供たちの未来のために質の高い教育を実現するには、保護者・PTAや地域の協力が欠かせない。この答申の最後に、学校における働き方改革についての保護者・PTAや地域をはじめとする社会全体の御理解と、今後の推進のための御協力を心からお願いする。」と記載されているように、社会全体で子どもたちを育む環境を構築しなければなりません。そのためにも、学校と地域をつなぐPTA指導者の役割が期待されているのです。

第 2 章

日本における
教育の仕組みと課題

教育のすがた

人間の教育と現代の学校教育、家庭教育、社会教育

> この節では、今の日本における
> 教育の全体像を描きます。

この節のPOINT！

● そもそも人間の子どもが育っていく過程で、家族という集団が意図的・無意図的に大切な機能を果たしていることを確かめましょう。

● 学校教育は、明治初期にすべての子どもを教育する制度として国家によって創られ発展していったということを確認しましょう。

● 戦後の日本国憲法で定められた「教育を受ける権利」の保障という観点から、現代の学校教育の意義をとらえてみましょう。

● 家庭教育は本来的には「私事」であることをおさえつつ、現代の家庭教育をとりまく問題状況について考えましょう。

● 社会教育の仕組みと、社会教育関係団体としてのPTAの意義について考えましょう。

● 変動する現代社会の中で、教育のために協働することの意義について考えましょう。

1 社会化と教育

（1）人間と社会化

　誕生したばかりの人間の子どもは、生きていくために必要な行動を自分だけではほとんど行うことがきません。しかも、自力で立って歩行することができるようになるまでに、誕生後、約1年もの時間がかかります。食事、排泄、そして他者とのコミュニケーションなど、私たちが生活する上で欠かすことのできない基本的な行動を一通りできるようになるまで、数年間を要します。

　その間、子どもたちは絶え間なく、様々な環境条件の影響を受けています。最もわかりやすいことの一つとして、言葉の習得が挙げられるでしょう。子どもは、家庭の中で両親をはじめとする家族が使用している言葉を、知らず知らずのうちに習得していきます。もちろん、言葉に限らず、家族の間でふだん何気なく行われている生活習慣や行動様式なども、いつの間にか身につけていきます。

　これは、私たち人間が、所属している集団の中で当たり前のこととされている価値観、正しいとされている知識や規範、あるいは考え方などをほぼ自然に身につけていくということを意味しています。このような現象は、「社会化」と呼ばれています。

　社会化という現象は、子どもに限らずすべての人々に生じます。

　例えば、もう立派な成人になって会社で働いているAさんが転勤の辞令を受けて、長年住み慣れた東京から大阪へ異動したとします。引っ越しをして大阪での生活が始まっても、方言や食べ物の違いに戸惑い、交通機関の利用にも不慣れな時期がしばらく続くでしょう。しかし、数か月〜1年もすれば当初の戸惑いは小さくなり、方言を使いこなしたり、地元の食べ物の味が舌になじんだりしてきます。このとき、Aさんは大阪の住民として社会化されたと考えることができます。

（2）意図的な行為としての教育

　もちろん、子どもと大人では、社会化の重要性が異なります。冒頭で述べたように、人間の子どもは身体的にも精神的にも圧倒的に未熟な状態にあります。ですから、誕生後、幼い時期に周囲から受ける影響は、その後の人生や生き方にとって、とても大きな意味をもつと理解すべきでしょう。

　また、そのような子どもに対して、私たちは単に無意識のうちになされていく社会化に留まらず、ある意図に基づいたはたらきかけを行います。

　例えば、家族の中では幼い子どもに対して、他人に会ったときの挨拶の仕方や、何かをしてもらったときのお礼の仕方などを教えます。また、朝起きたら顔を洗うこと、食事の後には歯磨きをすること、おもちゃを使って遊んだ後にはそれを片付けることを教えたりします。多くの保護者が子育ての中で最初に真剣に取り組む教育は、排泄訓練（トイレット・トレーニング）ではないでしょうか。だいたい2歳から3歳くらいの時期に、数か月かけて根気強く取り組む排泄訓練。ようやく「オムツがはずれる」状態になったとき、つまり子どもが自分で排泄処理を適切に行うことができるようになったとき、保護者は身をもって子どもの成長を感じることができ、子どもも大きな達成感を味わうことができます。

　このようにして子どもが習得する行動は、必ずしも自然に放っておいて身につくとは限らないけれども、大人が望ましいと考える知識、行動や考え方を、意図的に子どもに習得させようとする行為です。このような行為のことを「教育」と呼ぶことができます。

　社会化と教育は、実際には明瞭に区別できるわけではありません。教えたつもりはないのに、家庭の中で家族が何気なく行っていることをいつの間にか子どもが身につけている、という現象は数え切れないほどあります。ただし、「教えたつもりはない」とは言うものの、保護者がとっている日常的な言動や行動には、善悪や適否を判断して子どもにその意思を伝えるような内容が含まれているはずです。このよ

第1章
〜PTAと教育
PTAとは〜

第2章
日本における教育
の仕組みと課題

第3章
社会教育とは

第4章
家庭教育支援
とは

うに考えると、とくに普段の生活の場である家庭では、意図的でない社会化と、ある程度意図的になされる社会化とが入り混ざっていると考えた方がよいでしょう。その後者を、私たちは教育と呼んでいます。

　ここで一つ留意していただきたいことがあります。それは、「こうなってほしい」という考えのもとになされる教育が、その通りの結果をもたらすとは言えないということです。例えば、言葉で「他人に暴力を振るってはいけません」と繰り返し説いている大人が、子どもを叱るときに叩くという行為をしていたら、暴力を振るわないという規範意識は育たないでしょう。つまり、教育という行為は、常に意図しない社会化という現象と密接に結びつきながら子どもたちの成長・発達に影響を及ぼしているのです。

2　現代の教育のための仕組み

（1）「臣民の義務」であった戦前の学校教育

　人間社会の中では、あらゆる時代に、様々な人たちによる教育が行われてきました。例えば、同じ地域で生活する部族では、その部族に属する人々の生活を支える役割や部族の集団をまとめる役割を担う人たちを育成する仕組みを作ってきました。あるいはまた、近代よりも前の時代（日本では江戸時代まで）においては、農家であれば田畑を耕して米や野菜等を作る方法を、日常の生活と労働の中で親が子どもに教えていました。このように、一つ前の世代の人が次の世代の人に対して、生きていくために大切な様々な事柄を伝えるという行為は、いつの時代にもなされてきたと考えることができます。

　ただし、近代（日本では明治時代以降）と呼ばれる時代に入ると、教育は従前とは比較にならないほど組織的、計画的に行われるようになり、そのための大がかりな制度が整備されることになりました。それが、学校制度です。

　近代社会の中で発展した学校制度の重要な特徴は、「国家」が主体となってそれぞれの国の「国民」を育てるために作られたということ

です。それは、すべての子どもを対象とするもので、皆が同じ内容の知識や規範等を一斉に同じ方法で学ぶという形態をとっています。日本で言えば、1872（明治5）年にそのような学校の制度が始まり、明治の末には小学校の就学率がほぼ100％に達しました。日本の国内であればどんな不便なところに住んでいても、学齢期にあるすべての子どもが学校へ通って教育を受けるという制度が作られました。

（2）「国民の権利」を保障する現代の学校教育

　ただし、すべての子どもが学校へ通うと言っても、戦前と戦後ではその意味や目的は大きく違っています。戦前の天皇中心・絶対主義の社会体制のもとでは、人々は天皇の「臣民」であり、学校へ通って教育を受けることは臣民の義務とされていました。

　それに対して戦後は、新しい憲法のもとで国民一人ひとりが主権者と位置づけられました。戦後、1947（昭和22）年に制定された教育基本法の第1条では「教育は、人格の完成をめざし、平和的な国家及び社会の形成者として、真理と正義を愛し、個人の価値をたつとび、勤労と責任を重んじ、自主的精神に充ちた心身ともに健康な国民の育成を期して行われなければならない。」と定められました。

　このように、現代の日本では、子どもは固有の人格を有する権利主体と理解され、次代の社会を担う主権者として子どもを育成するために、社会全体で組織的、計画的な教育を行う仕組みとして学校教育の制度が作られているということができます。

（3）家庭教育の仕組み

　現代においても教育は学校だけで行われているわけではありません。

　子どもが生まれて初めて出会う社会は家族という集団（家庭）です。家庭での生活を通じて、子どもたちは様々な知識や規範、ものの考え方などを習得していきます。家庭で行われる教育は、学校教育に比べると組織的、計画的というわけではありません。それでも、三世代同居やきょうだい数が多いという家族の中であれば、異なる世代同士の

様々な交流を含めた教育環境が存在したと言えるでしょう。

　しかし、現代の社会では、両親と子どもだけで構成される核家族が増え、おじいさんやおばあさんが孫の成長発達に関与するような家庭環境は減っています。しかも、同じ地域に暮らす人々の関係に地縁血縁によるつながりが小さくなっており、家族以外の人々が自然に子どもに関わるという場面も少なくなっていると言えるでしょう。このような現代では、保護者による教育が子どもの成長発達に及ぼす影響力が大きくなっていると考えられます。しかし、保護者になる人々が、子どもを育てるための心構えや基本的な知識を最初から備えているわけではありません。家族内や隣近所に子育ての経験者がいない状況は、子どもを育て教育する立場の保護者にとって様々な課題を引き起こすでしょう。児童虐待という深刻な問題の背景には、現代社会における子育て環境の課題が横たわっています。

　2006（平成18）年に全面改正された教育基本法において、第10条に家庭教育に関する規定が設けられた背景には、そうした中で、家庭教育の在り方に関心が向けられたことが挙げられます。その条文は次の通りです。

教育基本法 第 10 条

　父母その他の保護者は、子の教育について第一義的責任を有するものであって、生活のために必要な習慣を身に付けさせるとともに、自立心を育成し、心身の調和のとれた発達を図るよう努めるものとする。
2　国及び地方公共団体は、家庭教育の自主性を尊重しつつ、保護者に対する学習の機会及び情報の提供その他の家庭教育を支援するために必要な施策を講ずるよう努めなければならない。

　そもそも家庭に関わる問題は「私事」であり、国や地方公共団体による干渉はなされるべきではありません。しかし、子どもの教育に様々な困難を抱えている家庭があるとすれば、そのような家庭で行われる教育には公的な支援が必要だと言えます。

　最近いろいろなメディアで取り沙汰されている児童虐待や体罰等の問題に関心を向けてみると、親－子、あるいは大人－子どもの関係が支配－服従の関係になってしまっているのではないかという疑問を抱きます。

　この社会の中で、保護者を含む大人は、子どもたちを守り、育てる大切な役割を担っています。ところが、大人になる過程で、子どもを育てるために必要な知識をきちんと習得できる機会が準備されているわけではありません。わが子を育てる第一義的責任を有するはずの親であっても、そのような場が十分に保障されてはいません。虐待や体罰という行為の背景には、大人自身が幼い頃に受けた経験があるとも言われています。そのような負の連鎖を断ち切る上で、保護者が子どもの教育についてしっかりと学ぶことのできる機会を確保することは重要です。あるいはまた、家庭教育を支援するための仕組みも欠かせないものになっていると言えるでしょう。

（4）社会教育の仕組みと PTA

　子どもたちが健やかに育っていくことのできる環境を整えることは、社会全体で取り組むべき課題です。前述のように、親を含めた大人が子育てや子どもの教育の在り方を学ぶ場を確保することは、現代の社会には欠かすことができません。その意味で、社会教育はとても重要な意義をもっています。

　社会教育はとても幅広い意味をもつ言葉です。教育基本法第 12 条では、社会教育について次のように規定されています。

教育基本法 第 12 条
　個人の要望や社会の要請にこたえ、社会において行われる教育は、国及び地方公共団体によって奨励されなければならない。
2　　国及び地方公共団体は、図書館、博物館、公民館その他の社会教育施設の設置、学校の施設の利用、学習の機会及び情報の提供その他の適当な方法によって社会教育の振興に努めなければならない。

第 1 節　教育のすがた

第1章
〜PTAと教育
〜PTAとは〜

第2章
日本における教育
の仕組みと課題

第3章
社会教育とは

第4章
家庭教育支援
とは

　ごく簡単に説明をするなら、学校教育と家庭教育に属さない、およそあらゆる教育は社会教育にあてはまります。社会教育法第2条に基づくと、社会教育とは、「学校の教育課程として行われる教育活動を除き、主として青少年及び成人に対して行われる組織的な教育活動（体育及びレクリエーシヨンの活動を含む。）」だと説明されています。学校・家庭以外のところで、乳幼児から学齢期の子どもも含めて、青少年、成人、老人という年齢や世代にかかわらず、多種多様な場で人々が学び、教育を受けることは社会教育に含まれます。

　例えば、公民館、図書館、博物館はいずれも社会教育法に定められた社会教育のための機関です。青少年交流の家や青少年自然の家などの青少年教育施設、女性教育会館や男女共同参画センターなどの女性教育施設、生涯学習センターの他、様々な社会体育施設、民間体育施設、カルチャーセンター、子どもから大人まで、いろいろな人々が自分自身の意思や必要性に基づいて自由に主体的に学ぶことのできる場所がたくさんあります。

　加えて、社会教育事業を実施するために自主的につくられている社会教育関係団体も数多くあります。社会教育法第10条は、「法人であると否とを問わず、公の支配に属しない団体で社会教育に関する事業を行うことを主たる目的とするもの」を社会教育関係団体としています。「公の支配に属しない」とは、その活動や構成メンバー、運営の仕方などに対して、国や地方公共団体からの干渉を受けないということです。

　この点は、学校教育と最も大きく異なる点だと思います。後の章で詳しく述べられるように、学校教育については数多くのことが国や地方公共団体によって定められており、各学校はそれらに基づいて教育を行うことになっています。なぜなら、すべての子どもたちに平等な教育機会を保障して、一定以上の教育水準を確保しなければならないからです。そのため、日本国内のどのような地域のもとにある学校でも、国の基準を満たした教科書が使用され、同一の教員免許状をもつ教員が授業を行います。

　それに対して社会教育は、学習者自身の意志や希望に基づく学習を第一に重視します。ですから、生活する地域の環境条件や特徴によって、あるいは個人の考え方によって学ぶべき内容は違って当たり前だということになります。

　PTA は、学校の教師と保護者から成る社会教育関係団体の一つとして作られました。PTA は学校の中に属するのではなく、教師と保護者が共に学ぶための組織です。学校、家庭、地域社会を含めた社会の中で子ども・青少年が心身ともに健やかな成長・発達を遂げることができるように、教師は何をすべきか、保護者は何をすべきか、そして地域の大人たちは何をすべきか。そのようなことを相互に学び合いながら、教師として、保護者として、一人の大人として成長する、というのがその最も重要な目的だと言えます。

3 　現代の教育の課題

（1）個人の尊厳に基づく教育

　現代の社会は様々な点で急速に変化しています。とくに、情報通信技術（ICT）の発展はめざましく、タブレット端末、スマートフォン、パーソナルコンピュータなどの普及によって、様々なモノがインターネット上の仮想空間を通じて活発に行き来することが可能になっています。政府はこのような ICT を最大限に活用することで、仮想空間と現実世界とを融合させ、人々に豊かさをもたらす「超スマート社会」を実現していくことを提案しています（閣議決定「第5期科学技術基本計画」、2016 年 1 月 22 日）。

　確かに、ICT の進歩とインターネットの普及によって私たちの生活は格段に便利になりました。お店まで出向かなくても欲しい物を選んで購入することができます。郵便や宅配便の配達状況を、離れている場所からでもすぐに知ることができます。海外にいる家族や友人と、テレビ電話で顔を見ながら話すこともできます。様々なソーシャル・ネットワーキング・サービス（SNS）によって、実際に会ったことの

ない人たちと簡単に友達になることができるようにもなりました。

　こうした変化の中で、子どもたちが育つ環境も、大きく変動しています。これらの機器や技術を適切に使用するための知識や技能を習得することは、あらゆる人にとって必須となっています。ただし、知識・技能ということだけでは解決できない深刻な問題状況にも注意を向ける必要があります。

　例えば、これらを使用したいじめは大人から見えづらく、深刻化してしまう危険が高くなります。子ども同士がお互いに個人として尊重し、認め合う関係を築くことが強く求められます。さらに、大人同士もまた、子どもたちの育ちを支えるためのつながりを築く努力をこれまで以上に必要とするでしょう。

　仮想空間の拡大は私たちに大きな便利さをもたらしてくれます。けれども、この社会を幸せにする方向へ、それらを仕向けていくためには、人間の尊厳に対する自覚をしっかりと形成していくための教育が欠かせません。

（2）平和で民主的な社会の形成者を育てる協働へ

　子どもは保護者の私物ではありません。子どもは未来社会を形成するかけがえのない主体です。その自覚と責任をもって社会の形成に関わる大人へと育っていけるように、将来を見据えながら教育に取り組むことが必要です。既に使い古された言葉ではありますが、目指すべき社会の在り方を表現するとすれば、平和で民主的な社会ということになるのではないでしょうか。

　平和で民主的な社会とは、国籍や民族、性別や話す言葉や考え方など、様々な違いをもつ人たちがその違いを認め合いながら共に生きていく社会だと言ってよいでしょう。20 〜 30 年前に比べると、日本には外国にルーツをもつ子どもや外国人の子どもの数が格段に増えています。障害のある子どもが通常の学級で学ぶケースも増えています。そのような状況は、教師だけではなく様々な人が教室の中に入って子どもの教育や支援に参加することを通じて広がっているのです。つま

り、平和で民主的な社会の形成者を育成するためには、大人同士が連携し協働する環境が欠かせません。

　しかし、現代の社会では大人と子どもの結びつきが自然なかたちでは成立しにくい状況が多くみられます。少し踏み込んだ言い方をすると、一人ひとりが自分だけのことに精一杯の状態で、自分本位の言動や行動をとるという場面も少なくないようです。大切な子どもたちが将来生きていくことになる社会の在り方を想像しながら、大人自身が互いの違いを意識しつつ協働する関係を築く必要があると思います。学校・家庭・地域の様々な立場の人々が、子どもの教育をめぐってつながる機会をつくりたいものです。

第1章
～PTAと教育
～PTAとは～

第2章
日本における教育
の仕組みと課題

第3章
社会教育とは

第4章　家庭教育支援
とは

学校教育の定義と歴史

知っているようで知らない学校教育制度

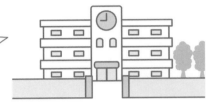

この節では、「学校教育」
の基礎を学びます。

この節のPOINT！

- ●「学校」の意義や定義について確認しましょう。

- ●「学校教育」が歴史的にどのように展開してきたのか、それぞれの時代における「学校教育」の目的を考えながら、流れを整理しましょう。

- ●「学年別学級制」の意義や日本の「学級」の特徴について確認するとともに、課題について考えてみましょう。

- ●学校にはどのような教職員がいるのか、どのように役割分担をしながら組織的に教育活動を行っているのか考えてみましょう。

第1章
〜PTAと教育
〜PTAとは〜

第2章
日本における教育
の仕組みと課題

第3章
社会教育とは

第4章
家庭教育支援
とは

1　「学校」の定義と意義

　教育には、大きく2つの目的が挙げられます。1つは、<u>私たち一人ひとりの個性や能力を伸ばして、個人の人格の完成を目指すこと</u>です。もう1つは、<u>国家や社会の発展のために、それらの形成者として必要な資質を身に付けること</u>です。「教育基本法」第1条では、次のように書かれています。

教育基本法 第1条
　教育は、人格の完成を目指し、平和で民主的な国家及び社会の形成者として必要な資質を備えた心身ともに健康な国民の育成を期して行われなければならない。

　また、「日本国憲法」第26条第1項および「教育基本法」第4条第1項では、<u>すべての国民はその能力に応じて、ひとしく教育を受ける権利を有しており（教育を受ける権利）、そのために国家はすべての国民に教育を受ける機会を与えなければならない（教育の機会均等）</u>と定められています。現在の学校は、教育の目的を達成することを目指し、すべての国民がそれぞれの個性や能力に応じた教育を差別なく受けられるようにするための制度だと考えられます。

　2021（令和3）年現在、日本において法律上いわゆる「学校」として定義されているものには、次の9つの種類があります。<u>幼稚園、小学校、中学校、義務教育学校、高等学校、中等教育学校、特別支援学校、大学、高等専門学校</u>です。これらの「学校」は、<u>「学校教育法」第1条</u>に規定されていることから、「一条校」とも呼ばれます（表1）。「一条校」については、「教育基本法」第6条第1項で次のように書かれています。

> **教育基本法 第6条**
> 1　法律に定める学校は、公の性質を有するものであって、国、地方公共団体及び法律に定める法人のみが、これを設置することができる。

また、学校教育法第3条では、次のように記されています。

> **学校教育法 第3条**
> 学校を設置しようとする者は、学校の種類に応じ、文部科学大臣の定める設備、編制その他に関する設置基準に従い、これを設置しなければならない。

つまり、「一条校」は、「公の性質を有するもの」であるため、誰でも簡単に設置できるものではなく、国、地方公共団体および学校法人のみに設置が認められ、設置する際には、種類に応じた設置基準に従って設置することが求められています（但し、構造改革特別区域法では、特例として株式会社およびNPO法人による学校が定められている）。なお、設置者の違いによって、国立学校、公立学校、私立学校に分けられます。

表1　一条校の種類と目的

幼稚園	義務教育及びその後の教育の基礎を培うものとして、幼児を保育し、幼児の健やかな成長のために適当な環境を与えて、その心身の発達を助長することを目的とする。
小学校	心身の発達に応じて、義務教育として行われる普通教育のうち基礎的なものを施すことを目的とする。
中学校	小学校における教育の基礎の上に、心身の発達に応じて、義務教育として行われる普通教育を施すことを目的とする。
義務教育学校	心身の発達に応じて、義務教育として行われる普通教育を基礎的なものから一貫して施すことを目的とする。
高等学校	中学校における教育の基礎の上に、心身の発達及び進路に応じて、高度な普通教育及び専門教育を施すことを目的とする。
中等教育学校	小学校における教育の基礎の上に、心身の発達及び進路に応じて、義務教育として行われる普通教育並びに高度な普通教育及び専門教育を一貫して施すことを目的とする。
特別支援学校	視覚障害者、聴覚障害者、知的障害者、肢体不自由者又は病弱者（身体虚弱者を含む）に対して、幼稚園、小学校、中学校又は高等学校に準ずる教育を施すとともに、障害による学習上又は生活上の困難を克服し自立を図るために必要な知識技能を授けることを目的とする。
大学	学術の中心として、広く知識を授けるとともに、深く専門の学芸を教授研究し、知的、道徳的及び応用的能力を展開させることを目的とする。その目的を実現するための教育研究を行い、その成果を広く社会に提供することにより、社会の発展に寄与するものとする。
高等専門学校	深く専門の学芸を教授し、職業に必要な能力を育成することを目的とする。その目的を実現するための教育を行い、その成果を広く社会に提供することにより、社会の発展に寄与するものとする。

　「一条校」のなかでも、<u>小学校、中学校、義務教育学校、中等教育</u><u>学校前期課程および特別支援学校（小学部・中学部）については、「義</u><u>務教育」として行われる普通教育を施すことが目的</u>として掲げられています。「義務教育」として行われる普通教育とは、「教育基本法」第5条第2項で次のように書かれています。

教育基本法 第5条
2　義務教育として行われる普通教育は、各個人の有する能力を伸ばしつつ社会において自立的に生きる基礎を培い、また、国家及び社会の形成者として必要とされる基本的な資質を養うことを目的として行われるものとする。

　「義務教育」は、教育を受ける権利を保障し、教育の機会均等を図るためにとりわけ重要であると言えます。ここでの「義務」とは、「日本国憲法」第26条第2項および「教育基本法」第5条第1項に示されるように、<u>子どもに教育を受けさせる保護者の「義務」を指すもので、</u><u>子どもの教育を受ける権利を保障するもの</u>です。さらに、保護者に「義務」を課すにあたっては、経済的事情によって保護者が子どもに教育を受けさせられないということがないように、「日本国憲法」第26条第2項、「教育基本法」第5条第4項、「学校教育法」第6条に基づき、国公立学校における義務教育は「無償」とされています（ここでの「無償」とは、授業料不徴収の意味として解釈されています。加えて、教科書については、義務教育教科書無償給与制度によって、国公私立の義務教育諸学校の児童生徒に無償給与されています）。

2　学校教育の歴史

（1）戦前の学校教育

　日本の近代学校の始まりは、1872（明治5）年の「学制」の頒布に遡ります。江戸時代までにも、藩校や私塾、寺子屋といった教育の場は存在していましたが、それぞれの藩や身分の違いに応じて教育を受

ける機会や教育の場は異なっていました。しかし、江戸から明治へと時代が変わり、欧米諸国がアジアに進出してくる中で、当時の明治政府は、欧米諸国に負けないための「富国強兵」と「殖産興業」を課題としていました。そして、それらの課題を乗り越えるためには、<u>すべての国民が新しい時代に有用な学問を修める必要がある</u>と考えました。1871（明治4）年の廃藩置県に伴い、中央行政機構の一つとして文部省（現文部科学省）が設置されると、国家一律の学校教育制度として、フランスなどの教育制度をモデルとした「学制」を頒布しました。「学制」は、<u>学問を通じた個人の立身出世を目的に国民皆学</u>を謳い、小学―中学―大学の三段階を基礎とした学校体系のもとで、教育内容に欧米諸国の学問を取り入れました。しかし、全国に対して画一的に計画を進めたことやこれまでとは異なる学問を学ぶこと、学校の設置費用や授業料等を国民に負担させたことなどから、就学率は高まりませんでした。そのため、より地方の実態に即した学校教育制度を目指して1879（明治12）年に「教育令」が制定され、以後も改正が繰り返されました。

　その後、1885（明治18）年に内閣が創設され、初代文部大臣に森有礼が就任することで、近代学校制度は徐々に基礎を確立していくことになりました。森は、<u>国家の発展・繁栄のための教育であること</u>を重視して、<u>天皇を中心とした国家秩序（国体）を支えるための教育の在り方</u>を模索し、改革を進めていきました。すべての学校を包括的に規定していた「教育令」は、1886（明治19）年に廃止され、学校種ごとの「小学校令」、「中学校令」、「帝国大学令」、「師範学校令」が制定されました。「小学校令」では、小学校（8年制）の最初の4年間にあたる尋常小学について、<u>父母等による就学義務が明確に規定され、日本で最初の義務教育制度が発足</u>しました。また、それぞれの学校段階では、集団行動・集団訓練によって士気を高める兵式体操や軍隊式教育が取り入れられました。

　1889（明治22）年に「大日本帝国憲法」が発布され、1890（明治23）年に帝国議会が成立すると、日本は<u>天皇制国家としての立憲国家</u>

第1章
〜PTAと教育
PTAとは〜

第2章
日本における教育
の仕組みと課題

第3章
社会教育とは

第4章
家庭教育支援
とは

体制を確立することになりました。そして、天皇制国家を支える国民道徳および国民教育の根本精神として 1890（明治 23）年に「教育ニ関スル勅語」（以下、「教育勅語」という）が発布されました。「教育勅語」の発布は、「学制」以降、日本の近代学校制度が整えられるにしたがって、国民教育の根本精神が重要な問題とされ、徳育の在り方をめぐって議論が続いてきたことに端を発しています。「教育勅語」は、天皇のお言葉として出され、そこでは代々の天皇が歴史を貫いて実践してきた「忠孝」の精神をすべての臣民が自覚的に実践することに国民教育の根源があることが示されました。「教育勅語」は、奉読式といった式典を通じて全国の学校に伝えられるなかで神聖化していき、終戦を迎えるまで国家の精神的支柱として機能していくことになりました。なお、帝国議会が成立して以降も、教育に関する重要事項は、議会の協賛を必要とする「法律」ではなく、天皇の大権により発せられる命令としての「勅令」として出されていきました（教育立法の「勅令主義」）。

　大正時代になると、大正デモクラシーの流れの中で、明治期までの画一的な教育ではなく、子どもの興味・関心を中心に据えた自由な教育の在り方が目指され、「大正新教育運動」として師範学校の附属学校や私立学校を中心に多様な実践が行われました。その一方で、国民の思想が多様化していくことに対する当時の支配層の危機感や、第一次世界大戦後の社会変化に伴う教育改革の必要性から、1917（大正 6）年に「臨時教育会議」が発足し、国民教育の要が「護国ノ精神ニ富メル忠良ナル臣民」の育成にあることが示されました。さらに、第一次世界大戦後に世界的な軍縮が求められる中、軍縮への対応策として中等教育段階以上で軍事予備教育を行うようになるなど、学校と軍事が大きく結びついていくことにもなりました。

　また、義務教育制度や授業料の無償化の進展によって、明治後期から大正期にかけては、初等教育段階の就学率が上昇しました。義務教育の年限が 6 年に延長されるとともに、中等教育段階や高等教育段階の学校制度も整備・拡充されました。ただし、「学制」が頒布された

ときのような小学―中学―大学という一本線で進学の道筋が示される単線型の学校体系ではなく、性別や進学・就職等の進路の違いに応じた様々な種類の学校がつくられ、中等教育段階以降は複線化していくという分岐型（フォーク型）の学校体系となりました。

　昭和に入ると、学校教育は戦時体制の一部として刷新が要請されるようになり、1937（昭和12）年に「教育審議会」が設置されました。ここでは、教育の根本精神は、「皇国の道」に則った「皇国民の錬成」、つまり、天皇制国家につくす臣民を育成することにあり、そのための教育方法としての「錬成」（錬磨育成）が強調されました。学校では、「錬成」に向けて編成し直された教科が教育内容に位置づけられ、儀式や行事、共同作業、団体訓練などが重視されました。

　また、1938（昭和13）年に「国家総動員法」が制定され、翌年第二次世界大戦が勃発すると、学校では在学・修業年限の短縮がなされたり、学徒動員（中等教育段階以上の生徒や学生が、軍需生産や食料生産に動員されること）や、学徒出陣（高等教育段階の学生を在学途中で徴兵し出征させること）、学童疎開が進められたりするなど、学校教育は非常時下に置かれていきました。終戦直前には、「戦時教育令」が出され、明治期以降つくり上げてきた学校教育は、事実上の全面停止に至りました。

（2）戦後の学校教育

　日本は1945（昭和20）年に「ポツダム宣言」を受諾し、終戦を迎えると、アメリカを中心とした連合国軍の占領統治下に置かれることになりました。連合国軍最高司令官総司令部（GHQ）が設置されるとともに、戦後の新しい国家の教育政策を策定するための中心機関として民間情報教育局（CIE）が設置されました。ただし、間接統治であったため、文部省も引き続き存続することとなりました。戦後は、教育の民主化を目指して、文部省による「新日本建設の教育方針」や「新教育指針」、GHQによる教育に関する四大改革指令、米国教育使節団による報告書、教育刷新委員会（のちの教育刷新審議会）での建議な

第1章
〜PTAと教育
〜PTAとは〜

第2章
日本における教育
の仕組みと課題

第3章
社会教育とは

第4章
家庭教育支援
とは

どを通じて教育改革が行われました。

　1946（昭和21）年に、それまでの「大日本帝国憲法」に代わって、平和主義、国民主権、基本的人権の尊重を基本原則とする「日本国憲法」が公布され、この新憲法の理念と目的を実現することが教育に期待されるべきことであるとして、1947（昭和22）年に「教育基本法」が制定されました。また、同年に「学校教育法」も制定され、経済的事情や性別などによって進学の在り方が限定されていた従来の分岐型の学校体系が改革され、誰もが大学まで進学できる機会を保障される６（小学校）・３（中学校）・３（高等学校）・４（大学）制の単線型の学校体系がつくられるとともに、義務教育は小学校および中学校の９年制となりました。「教育基本法」や「学校教育法」は、戦前に天皇の大権によって出されていた「勅令」などとは異なり、国会での審議を経た法律として出され、長らく続いてきた教育立法の「勅令主義」は、国民主権による「法律主義」へと変わりました。

　1948（昭和23）年には、戦前の教育の根本精神として位置づいていた「教育勅語」の排除・失効が衆参両議院で可決され、戦後の教育は「教育基本法」の精神に則ることが改めて確認されました。さらに同年には、「教育委員会法」が制定され、民主性・地方分権性・（一般行政からの）独立性を基本原則とした教育行政の仕組みが生まれました。

　また、教師が戦後の新しい教育課程を研究していくための手引書として、1947（昭和22）年に「学習指導要領　一般編（試案）」が出され、小学校では、従来の修身、国史、地理がなくなり、新たに社会、家庭、自由研究が教科として登場しました。とりわけ社会科は、今後の民主主義社会の担い手を育てるための中心的な教科として、戦後の教育課程改革で推進されました。そうした教育課程では、子どもの自発的な活動を重視する経験主義的なカリキュラムが目指されました。

（3）高度経済成長期の学校教育

　第二次世界大戦後、アメリカを中心とした西側の資本主義・自由主

義陣営と旧ソ連を中心とした東側の共産主義・社会主義陣営とが対立する、いわゆる冷戦が激化していきました。日本に対する占領政策においては、戦前の軍国主義を排して民主化を進める路線から、共産主義・社会主義の防波堤として、<u>経済復興を目指す路線</u>へと転換しました。1952（昭和27）年に日本での占領統治が終わり、日本が主権を回復すると、戦後改革の行き過ぎが批判され、<u>教育においても保守的な方向へと軌道修正</u>が図られました。地方分権化が進められていた教育行政においては、1956（昭和31）年に「教育委員会法」が廃止され、「地方教育行政の組織及び運営に関する法律」が制定されることで<u>中央集権化が強まって</u>いきました。

　1954（昭和29）年から高度経済成長期を迎えた日本は、経済的に豊かになり、義務教育後の高等学校の進学率が上昇しました。また、1957（昭和32）年に旧ソ連が人類初の人工衛星「スプートニク1号」の打ち上げに成功したことから、アメリカをはじめとした西側の資本主義・自由主義陣営が危機感を持ち、<u>科学技術の発展に即したカリキュラムの改造計画など「教育内容の現代化」運動が高まり</u>、日本にも波及していきました。大学進学希望者も増大し、後期中等教育段階を包含した高等教育機関として高等専門学校が新しく一条校に加わるなど、教育の大衆化が進んでいきました。このような社会変化や教育の大衆化に対応するために、1971（昭和46）年には中央教育審議会（以下、「中教審」という）答申「今後における学校教育の総合的な拡充整備のための基本的施策について」（いわゆる「46答申」）が出され、<u>明治期の教育改革、そして戦後の教育改革に続く、「第三の教育改革」</u>と位置づけられました。しかし、1973（昭和48）年に第一次石油ショックが起こり、高度経済成長期が終焉を迎えたため、「46答申」の全面実施には至りませんでした。

（4）1980年代から現代までの学校教育

　高度経済成長期以降、後期中等教育や高等教育への進学者が増えていく中で、激しい受験競争や詰め込み教育、少年非行、校内暴力、い

じめ、不登校など、教育や学校をめぐる様々な課題が取り沙汰されるようになりました。1977（昭和52）年の学習指導要領改訂では、激しい受験競争や詰め込み教育に対して、「ゆとりある充実した学校生活」の実現が目指されました。さらに、1984（昭和59）年に中曽根康弘内閣総理大臣の直属の諮問機関として臨時教育審議会が組織され、長期的に今後の教育改革について議論がなされました。臨時教育審議会では、第4次まで答申が出され、「個性重視の原則」、「生涯学習体系への移行」、「国際化、情報化など変化への対応」といった理念のもとで教育改革が進められていくことになりました。

　教育課程については、1989（平成元）年の学習指導要領改訂で「新しい学力観」が理念として採用され、「教育内容の現代化」運動以降の知識・技能の習得を中心とした教育の在り方から、「自己教育力」を中核に、自ら学ぶ意欲や、思考力・判断力・表現力を育てることが重視されました。1998（平成10）年の学習指導要領改訂からは、「新学力観」をベースに、自主的・主体的問題解決能力や人間性も重視した「生きる力」が理念として採用されるようになりました。その後2000年代に入り、国際学力調査であるPISA（Program for International Student Assessment：生徒の学習到達度調査）の結果が後押しをする形で「学力低下」の議論が高まり、「ゆとり教育」批判が強まると、2003（平成15）年の学習指導要領一部改正および2008（平成20）年の学習指導要領改訂では、「生きる力」の構成要素として、知識・技能の習得を前提とした「確かな学力」という表現が使われるようになりました。2017（平成29）年に出された新学習指導要領では、「生きる力」の理念を引き継ぎつつ、「主体的・対話的で深い学び」という観点で学習過程の改善を図ることが目指されています。

　学校体系に関しては、1998（平成10）年に中学校と高等学校の段階を一貫した中等教育学校、2016（平成28）年に小学校と中学校の義務教育段階を一貫した義務教育学校がそれぞれ制度化され、学校の種類が多様化しました。ただし、現在の学校体系は、どの「一条校」

に進んでも大学まで進学できる機会があたえられているという点で、戦前の分岐型の学校体系とは異なります。

　また、1995（平成 7）年の「地方分権推進法」以降、地方分権改革が進められる中で、教育においては 1998（平成 10）年の中教審答申「今後の地方教育行政の在り方について」や 1999（平成 11）年の「地方分権一括法」を通じて、<u>「学校の自主性・自律性の確立」</u>と<u>「学校の権限拡大」</u>が強調されました。<u>地域の状況等に応じた特色ある学校づくりを目指すために、教育委員会による学校への関与が整理縮小され、学校経営の主体が校長にシフト</u>されました。また、<u>保護者・地域住民が学校づくりに参加し、保護者・地域住民の意思を反映させる仕組み</u>が制度化されてきました。具体的な制度・施策としては、2000（平成 12）年の学校評議員制度、2004（平成 16）年の学校運営協議会制度、2017（平成 29）年の地域学校協働本部事業（2008（平成 20）年より実施されてきた学校支援地域本部の制度化）が挙げられます。

　なお、2006（平成 18）年には、1947（昭和 22）年に制定された「教育基本法」が改正されました。2000（平成 12）年に「教育改革国民会議」（総理大臣の私的諮問機関）の報告として出された「教育を変える 17 の提案」において、新しい時代にふさわしい教育基本法の制定が提案されたことを契機に、2003（平成 15）年の中教審答申「新しい時代にふさわしい教育基本法と教育振興基本計画の在り方について」を経て、改正が進められました。<u>戦後の「教育基本法」が個人の価値観や自主的精神を尊重し、個人の人格の完成を教育の目的として重視していたのに対して、「改正教育基本法」では、公共の精神や、伝統と文化の尊重が掲げられ、教育の目的として国民形成が重視されています。</u>改正にあたっては、国の法律である「教育基本法」に、「愛国心」に関わる内容や、「家庭教育」といった私的領域に関わる内容などを明記することの是非などについて議論が湧き起こりました。

第1章
〜PTAと教育
〜PTAとは〜

第2章
日本における教育
の仕組みと課題

第3章
社会教育とは

第4章
家庭教育支援
とは

3　学年・学級の意味と意義

　以上のように、日本では 1872（明治 5）年に「学制」が制定されて以降、個人の人格の完成や、国家や社会の発展を目指すための国家の仕組みとして学校教育が発展してきました。学校教育の制度が発展し、義務教育が普及していく過程の中で、大量の子どもたちに一定の教育内容を効率よく教えていくために確立したのが、学年別学級制です。学年別学級制は、2 つの言葉に分けて考えることができます。まず、「学年」という言葉は「学年制」を意味し、同一年齢の子どもたちが同じ学年に割り当てられ、学年ごとに区分された教育課程を一定期間履修することで上の学年に進んでいく仕組みを指します。もう 1 つが、「学級制」という言葉で、同じ学年に割り当てられた子どもたちを一定の人数の学習集団（学級）に分けて教育活動を行う仕組みのことです。

　このような学年別学級制は、現代の学校教育において基本となる仕組みですが、日本で 1872（明治 5）年に学校制度が始まった頃には、「等級制」という仕組みが採用されていました。当時の尋常小学を上等と下等の 2 つに分け、さらにそれぞれを教育課程の難易度に応じて 8 つの「等級」に分類していました。子どもたちが上の等級に上がる際には、半年ごとの試験に合格することが必要となり、飛び級も可能であった一方で、合格できなければその等級に留め置かれるとともに、何度か不合格になると退学になってしまいました。

　等級とは異なる「学級」という言葉が明確に規定されるようになるのは、1891（明治 24）年の「学級編制等ニ関スル規則」です。「学級」は、一人の教師が教授する児童数を基準とした定義として位置づけられました。当初は、就学率も低く、全校児童を 1 学級に編制するという単級の学校が主流でした。単級制は、学力や年齢が異なる子どもたちが同じ集団を形成することになるため、等級制のような学習指導上の機能は弱まりますが、一方で家族主義的な集団観が生まれ、規律秩序の修得や習慣の形成といった生活指導上の機能が強まりました。その後、

明治後期頃から就学率が上昇することで多級の学校が増加するとともに、卒業・修業試験の廃止や年度の確立がなされたことで、同じ年齢の児童のみで構成された学年別の学級が一般化していきました。学年別学級制では、同一年齢の児童が集められることで一斉授業が可能となり、単級制の生活指導上の機能に加えて、学習指導上の機能も強まったと考えられています（濱名 , 1983）。そのため、日本の学級は、「学習」の単位であるとともに「生活」の単位でもあり、学習指導上および生活指導上の両方の機能があることが特徴とされています。

　現在の学年別学級制は、「公立義務教育諸学校の学級編制及び教職員定数の標準に関する法律」（以下、「義務教育標準法」という）によって、1 学級当たりの児童生徒数の標準が定められています。2021（令和 3 ）年現在は、1 つの学年で学級を構成すること（単式学級）を基本として、小学校（第 1 学年のみ 35 人）、中学校、高等学校いずれも 40 人を上限としています。児童生徒が著しく少ない場合や特別の事情がある場合には、複数学年の児童生徒で学級を構成しています（複式学級）。なお、Society5.0 時代の到来による個別最適な学びと協働的な学びの実現や新型コロナウイルス感染拡大の社会状況を背景として、2021（令和 3 ）年度から小学校の全学年において 35 人学級に段階的に引き下げられることとなりました。

4　学校の教職員

　どこに住んでいても一定の水準の学校教育を受けられるようにするために、各学校では「義務教育標準法」に従って学級の数に応じた教職員数が決められています。また、各学校には、どのような職位の教職員を置かなければならないのか、置くことができるのかということについても、学校種に応じて法的に決められています。

　例えば、小学校および中学校に置かれている主な職位としては、校長、副校長、教頭、主幹教諭、指導教諭、教諭、養護教諭、栄養教諭、事務職員があります。それぞれの職務は、「学校教育法」第 37 条に規

第1章
〜PTAと教育
〜PTAとは〜

第2章
日本における教育
の仕組みと課題

第3章
社会教育とは

第4章
家庭教育支援
とは

表2　主な教職員の職務（学校教育法 第 37 条）

校長	校務をつかさどり、所属職員を監督する。
副校長	校長を助け、命を受けて校務をつかさどる。
教頭	校長（副校長を置く小学校にあっては、校長及び副校長）を助け、校務を整理し、及び必要に応じ児童の教育をつかさどる。
主幹教諭	校長（副校長を置く小学校にあっては、校長及び副校長）及び教頭を助け、命を受けて校務の一部を整理し、並びに児童の教育をつかさどる。
指導教諭	児童の教育をつかさどり、並びに教諭その他の職員に対して、教育指導の改善及び充実のために必要な指導及び助言を行う。
教諭	児童の教育をつかさどる。
養護教諭	児童の養護をつかさどる。
栄養教諭	児童の栄養の指導及び管理をつかさどる。
事務職員	事務をつかさどる。

定されています（表2）。なお、副校長、主幹教諭および指導教諭は、2007（平成 19）年に新たに位置づけられた職位です。校長、副校長、教頭、主幹教諭および指導教諭は、教論になってから一定の経験を経て管理職試験等に合格することによって、その職位に就くことができます。教職員は、採用された自治体内で一定の期間でもって異動がありますが、職位に関しては自ら教育委員会に申し出ない限り、異動先でも変わりません。

　また、各学校では、教職員はそれぞれの職務に応じながら、組織的に役割分担をして、学校運営や教育活動を行っています。「教育基本法」第6条第2項では、次のように記されています。

教育基本法 第6条
　2　前項の学校においては、教育の目標が達成されるよう、教育を受ける者の心身の発達に応じて、体系的な教育が組織的に行われなければならない。（以下、省略）

　まず、わかりやすいところでは、学級担任制や教科担任制といった教授組織があります。学級担任制は、主に小学校で採用され、学級担任となる一人の教師が、一つの学級の児童生徒に対して、学習指導および生活指導の様々な面で責任を負う教授組織です。学級担任は、一つの学級のほぼすべての教科や教育活動の指導を担当します。ただし、一部の教科に関しては、その教科を専門に担当する専科教員が指導する場合もあります。教科担任制は、主に中学校や高等学校で採用され、一人の教師が専門とする一教科または関連教科を担当し、いくつかの学級の児童生徒の指導に責任を負う教授組織です。そのため、中学校および高等学校の教員免許状は、小学校とは異なり、教科ごとに分かれています。各教科以外の教育活動は、その学級の学級担任となる教師を中心に行われます。

　さらに、同じ学年や同じ教科などに属する教師同士は、そこでの共通課題をもとに学年や教科ごとの教育目標を設定し、その達成に向けて協働的に教育活動を営んでいます。このような協働的な営みは、学年経営や教科経営などとも呼ばれます。また、教職員の仕事は、子どもたちへの直接的な教育活動だけではありません。各学校で設定された教育目標を達成するために必要とされる校務についても、学校組織の構成員間で役割を充てて、分担をしています。このことを、校務分掌といいます。校務には、大きく①教育指導、②教育指導を効果的に行なうための事務、③研究・研修があります。校務をつかさどったり、整理したりするのは管理職の職務ですが、それ以外の教職員についても、各教職員の資質能力や適性などを踏まえながら校務について役割分担をしています。

　それぞれの校務についてリーダー的役割に置かれた教職員のことを、主任や主事と呼びます。主任や主事は、学校内の特定の学年や領域について組織を取りまとめるため、「連絡調整」と「指導助言」を行っています。例えば、「学校教育法施行規則」に規定されている主任・主事としては、教務主任、学年主任、保健主事、事務長・事務主

第1章
＜PTAとは＞
PTAと教育

第2章
日本における教育
の仕組みと課題

第3章
社会教育とは

第4章
家庭教育支援
とは

<u>任、生徒指導主事、進路指導主事</u>があります。これら以外にも、必要に応じて校務を分担する主任・主事を置くことができます。主任・主事は、校長、教頭、教諭などといった職位とは異なり、充て職と呼ばれ、年度や異動などによって就いたり就かなかったりします。

＜参考文献＞

小島弘道編著（2015）『全訂版　学校教育の基礎知識』協同出版

勝野正章・庄井良信（2015）『問いからはじめる教育学』有斐閣

佐藤博志・岡本智周（2014）『「ゆとり」批判はどうつくられたのか——世代論を解きほぐす』太郎次郎社エディタス

濱名陽子（1983）「わが国における『学級制』の成立と学級の実態の変化に関する研究」『教育社会学研究』Vol.38, pp.146-157

山本正身（2014）『日本教育史——教育の「今」を歴史から考える』慶應義塾大学出版会

文部科学省「学制百年史」http://www.mext.go.jp/b_menu/hakusho/html/others/detail/1317552.htm

学校教育を支える原理と法制

「教育を受ける権利」と学校教育

> この節では、「教育を受ける権利」と、それを保障するための基礎的な法制を学びます。

この節の POINT！

- ●「教育を受ける権利」を有することが、なぜ重要なのかを確認しましょう。

- ●「教育を受ける権利」や「教育を受けさせる義務」、「教育の機会均等」などの教育の基本的な考え方を述べた法を確認しましょう。

- ● 義務、無償、中立といった学校教育に不可欠な考え方について、法律を見ながら確認しましょう。

- ● 教師が資質と力量を高めるための制度を確認しましょう。また、それを踏まえて、子が権利を十分に行使できるようにするために効果的な PTA 活動や、学校との連携方策について考えてみましょう。

　私たちにとって、学校において「教育」を受けることは当たり前のことです。

　しかし、世界を見渡せば、そうなっている国・地域ばかりではありません。日本の小学校教育に当たる初等教育段階の教育を受けていない者は、若者の5人に1人という調査もあります。全世界で約7000万人の子どもが義務教育不就学であるという調査もありますし、そうした子どもが世界平均で7〜8％程度いるという調査もあります。その背景には、教師や学校そのものが（近くに）ない、家庭の経済的理由や家業の手伝い、保護者の子の教育に対する無理解・無関心、子の病気、戦争などの理由があるといわれています。そして重要なことは、学校教育を受けられないことにより様々な悪循環を生み、それを次世代に引き継いでしまう「負の連鎖」が引き起こされていることです。

　この点で、一人ひとりに「教育を受ける権利」が保障されること、その機会が均等に提供されることは、私たちにとっては当たり前のことではあるけれども、人生をよりよく生きるという点で極めて重要で、欠かすことができないものであるといえるのです。学校教育を「教育を受ける権利」を保障する場であるという視点で捉えると、従来の学

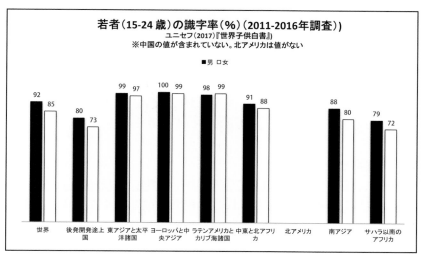

図1　若者の識字率

校のイメージとは違って見えるかもしれません。

　この節では、「教育を受ける権利」や「教育を受けさせる義務」、「教育の機会均等」といった観点から学校教育を捉えつつ、その原理と法制の基礎について学びます。それぞれのPTAの現状に応じ、学校と協力しながら、子どもが「教育を受ける権利」を十分に行使しうるような環境を整えていく活動を展開していきましょう。

1 日本国憲法第 26 条

　教育については、日本国憲法に次のように書かれています。日本国憲法は、日本の最高法規で、国家としての統治体制を定めた法です。全103条によって構成されていますが、第26条が教育について示した唯一の条文です。

日本国憲法 第 26 条

1　すべて国民は、法律の定めるところにより、その能力に応じて、ひとしく教育を受ける権利を有する。

2　すべて国民は、法律の定めるところにより、その保護する子女に普通教育を受けさせる義務を負ふ。義務教育は、これを無償とする。

　日本国憲法第26条で重要なワードには、①「教育を受ける権利」、②「教育を受けさせる義務」、③「能力に応じて、ひとしく」、④「法律の定めるところにより」、以上の4つがあります。

（1）「教育を受ける権利」

　第一に、日本国憲法では全ての国民が「教育を受ける権利」を有することを示しています。なかには、「学校で勉強したくないよ」、「教育を受ける権利なんて行使したくないよ」という子どももいるかもしれません。しかし、この「教育を受ける権利」は、「幸福追求権」（日本

第1章
〜PTAと教育
〜PTAとは〜

第2章
日本における教育
の仕組みと課題

第3章
社会教育とは

第4章
家庭教育支援
とは

国憲法第13条）や「健康で文化的な最低限度の生活を営む権利」（日本国憲法第25条）などと同様、よりよく生きるために必要な権利である基本的人権のひとつとして理解される必要があります。

　なお、「教育」というと学校における教育のみをイメージするかもしれませんが、ここでの「教育」とは学校教育のほか、家庭教育（家庭で行われる教育）、社会教育（図書館・公民館・博物館、地域行事などを通して行われる教育）といった教育一般を広く指して使われています。

（2）「教育を受けさせる義務」

　第二に、日本国憲法では保護者に対して、子に「普通教育を受けさせる義務」を課しています。子どもは成人と比較して未成熟であり、子ども単独では「教育を受ける権利」を十分に行使できません。それゆえ、子どもの権利を保障するために、「子に教育を受けさせる義務」を保護者に対して課しています。いわゆる義務教育とは、子どもの義務として受けなければならない学校での教育を意味しているのではなく、保護者の義務として子に受けさせる学校教育を意味していることに注意してください。

　なお、「普通教育」とは全国民に必要とされる一般的・基礎的な教育を意味し、内容としては職業的・専門的でない教育を意味しています。

（3）「能力に応じて、ひとしく」

　第三に、日本国憲法では「能力に応じて、ひとしく」教育が行われるべきことを示しています。教育を受ける機会がどの子どもにも与えられ、与えられる機会がどの子どもも等しいことを「教育の機会均等」といいます。これについては本節の②で書いていきます。

（4）「法律の定めるところにより」

　第四に、日本国憲法では「法律の定めるところにより」教育が行わ

れるべきこと、すなわち、特に学校教育の在り方は法律により定められるべきことを示しています。法律の制定には国会での議決が必要です。その国会は、私たち国民の投票によって選出される国会議員で構成されています。つまり間接的にではありますが、法律には私たち国民一人ひとりの意思が反映されているのです。学校教育もその在り方が法律によって定めらており、私たち一人ひとりの教育意思が（多かれ少なかれ）反映できるような仕組みになっています。

2　教育の機会均等

> **教育基本法 第4条**
> 1　すべて国民は、ひとしく、その能力に応じた教育を受ける機会を与えられなければならず、人種、信条、性別、社会的身分、経済的地位又は門地によって、教育上差別されない。
> 2　国及び地方公共団体は、障害のある者が、その障害の状態に応じ、十分な教育を受けられるよう、教育上必要な支援を講じなければならない。
> 3　国及び地方公共団体は、能力があるにもかかわらず、経済的理由によって修学が困難な者に対して、奨学の措置を講じなければならない。

　世界に目を向ければ、学校があっても通えない子どもが多くいます。大きな要因の一つとして考えられているのが、家庭の経済的状況です。たとえばナイジェリア（アフリカ）では、最富裕層の初等学校入学率が99％、義務教育修了にあたる中等学校修了率が81％であるのに対し、最貧困層のそれは28％、8％にとどまっています（2013（平成25）年時点の調査、ユニセフ（2016）『世界子供白書』）。家庭の経済的状況という「違い」が、学校で教育を受けられるか受けられないかの分岐点になっていると考えられているのです。

　上に書いたように、すべての子どもの「教育を受ける権利」を保障するために、子どもの「能力に応じて、ひとしく」教育を受ける機会を与えること、そしてその機会がどの子どもも等しいことが大切です。これを「教育の機会均等」といいます。

　日本においても家庭の経済状況だけではなく、どこに住んでいるか、いかなる家庭で生育されているのか、障害の程度はどうかなど、子どもの背景には「違い」があり、多様です。「能力」以外のこうした「違い」をもって、教育やその条件に差をつけるべきではないというのが、「教育の機会均等」の基本的な考え方です。

　そもそも日本国憲法では、国民の「法の下の平等」（第14条）を保障しています。人種、信条、性別、社会的身分又は門地（家柄）といった国民一人ひとりの「違い」をもって差別することを、憲法は許していません。これを受け、「能力に応じて、ひとしく」教育を受ける権利を保障することが定められているのです。

　教育基本法でも繰り返し「教育における機会均等」の考え方を示しています（第4条第1項）。あわせて、子どもの障害の有無や程度の「違い」に応じて支援を行うこと（第4条第2項）と、経済的困窮者に対して奨学を行うこと（第4条第3項）も、教育基本法には示されています。

　なお、「能力に応じた教育」という言葉は、多様に解釈される言葉であり、誤解が生じやすい言葉です。「学力が高い（あるいは身体能力が高い）者を優遇する、そうでない者を差別的に取り扱う」ということを意味しているわけではありません。「子どもの肉体的・精神的能力や適性、発達段階や必要に応じた教育」のように理解されることが一般的です。たとえば学校では、運動会や学芸会など年齢が異なる子どもが一堂に会して学ぶということはありますが、通常は年齢ごとに区分された「学年」別で学習しています。また、中学校や高校では、自身の興味・関心や将来の進路により一部の授業を選択制にしています。これらが「能力に応じた教育」の例になります。

3 義務性・無償性・中立性

　ここまでみてきたように、「教育を受ける権利」を行使することは一人ひとりがよりよい人生をおくるために重要です。そして「教育を受ける権利」を保障するために、保護者に「教育を受けさせる義務」を課し、さらには「教育の機会均等」が目指されています。

　これらを実質化していくために、義務、無償、中立という考え方を学校教育の制度づくりの中核においています。

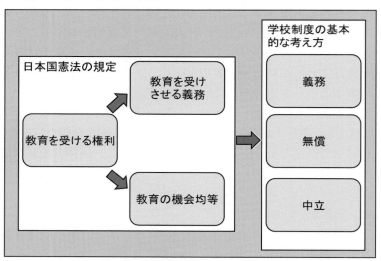

図2　学校制度の基本的な考え方

第1章
〜PTAと教育

第2章
日本における教育
の仕組みと課題

第3章
社会教育とは

第4章
家庭教育支援
とは

（1）義務性

> **教育基本法 第5条**
>
> 1　国民は、その保護する子に、別に法律で定めるところにより、普通教育を受けさせる義務を負う。
> 2　義務教育として行われる普通教育は、各個人の有する能力を伸ばしつつ社会において自立的に生きる基礎を培い、また、国家及び社会の形成者として必要とされる基本的な資質を養うことを目的として行われるものとする。
> 3　国及び地方公共団体は、義務教育の機会を保障し、その水準を確保するため、適切な役割分担及び相互の協力の下、その実施に責任を負う。
> 4　国又は地方公共団体の設置する学校における義務教育については、授業料を徴収しない。

　教育の義務性とは、子どもやその保護者に一定の教育を義務づけることです。現在の日本においては、日本国憲法や教育基本法で「教育を受ける権利」を定めた上、あわせて、子に「教育を受けさせる義務」を保護者に負わせています。いわゆる義務教育の「義務」は、子の「教育を受ける権利」を保障するために保護者に課した義務を指していうことは、上に書いた通りです。

① 保護者に課す義務

　さらに義務性は、①保護者に課す義務に加えて、②国や地方公共団体に課す義務、③社会に課す義務を合わせて考えるのが一般的です。

　保護者には、学校教育法において、子に9年の普通教育を受けさせること（学校教育法第16条）と、6歳から15歳まで学校に通わせること（学校教育法第17条）を義務として課しています。つまり、日本においては「6歳から15歳までの9年間」、学校に通わせることで保護者の義務が終了することになります。しかし、様々な理由で保護者の義務が猶予されたり免除されたりすること（学校教育法第18条）も、数は少ないですが存在します。

> **義務教育が猶予されたり免除されたりする例**
> ・病弱、発育不完全
> ・児童生徒の失踪
> ・児童自立支援施設又は少年院に収容されたとき
> ・帰国児童生徒の日本語の能力が養われるまでの一定期間、適当
> 　な機関で日本語の教育を受ける等日本語の能力を養うのに適当
> 　と認められる措置が講ぜられている場合
> ・重国籍者が家庭事情等から客観的に将来外国の国籍を選択する
> 　可能性が強いと認められ、かつ、他に教育を受ける機会が確保
> 　されていると認められる事由があるとき
> ・低出生体重児等であって、市町村の教育委員会が、当該児童生
> 　徒の教育上及び医学上の見地等の総合的な観点から、小学校及
> 　び特別支援学校への就学を猶予又は免除することが適当と判断
> 　する場合

文部科学省ホームページ「就学事務 Q&A」

　外国においても義務教育はありますが、制度としては日本と大きく異なるところもあります。たとえば、メキシコ（中米）では3歳から18歳までの15年間を義務教育としていますし、マダガスカル（アフリカ）では6歳から11歳までの5年間を義務教育としています。アメリカでは州によって制度が異なっています。また、外国では、日本の義務教育ではみられない、年齢や学校教育を受けた年数によらない進級制度（いわゆる「飛び級」制度や原級留置制度）がある場合も多く、実態はさらに多様です。

② **国や地方公共団体に課す義務**

　国や地方公共団体（都道府県や市町村）には、保護者が義務を履行するために必要な条件整備や支援の義務を課しています。たとえば、各市町村には、義務教育の実施者として、経済的困窮者に対する就学援助義務（学校教育法第19条）や、学校を設置する義務（学校教育

第1章
〜PTAと教育
〜PTAとは〜

第2章
日本における教育
の仕組みと課題

第3章
社会教育とは

第4章
家庭教育支援
とは

法第38条）が課せられています。

③ 社会に課す義務

　社会には、保護者の義務履行を妨げない義務を課しています（学校教育法第20条）。たとえば、テレビで活躍する子役が、生放送で夜遅く、突然テレビの画面から姿を消す場面を見たことがないでしょうか。子どもを大人と同じように働かせることで就学できなくなることがないよう、テレビ放送局が配慮した結果です。

（2）無償性

　教育の無償性とは、学校教育を受ける者が教育を受け、あるいは保護者が子に教育を受けさせるために必要な授業料、教材費その他就学に要するすべての費用を直接にはまったく負担しないことを指します。現在の日本においては、「義務教育は、これを無償とする」（日本国憲法第26条第2項）としています。

　しかし、義務教育であれば無制限に無償であるかというと、そうではありません。「国又は地方公共団体の設置する学校における義務教育については、授業料を徴収しない」（教育基本法第5条第4項）、すなわち国公立の義務教育の学校の授業料のみを無償とするにとどまっています。その他の教材費、給食費、修学旅行費などは、保護者が負担する必要があります。義務教育ではあるものの財政的な限界があるのです。

　無償についてその他の法律でいえば、「義務教育諸学校の教科用図書の無償措置に関する法律」により、国・公・私立問わず義務教育の期間における教科書は無償で配布されます。教科書は、子どもが使う教材の中で最も重要であるからです。また、義務教育のことではありませんが「高等学校等就学支援金の支給に関する法律」により、高所得の家庭を除き、高校に通学する生徒には高校就学支援金が支給されることになっています。

（3）中立性

教育基本法 第14条

　良識ある公民として必要な政治的教養は、教育上尊重されなけ
ればならない。

2　法律に定める学校は、特定の政党を支持し、又はこれに反対
　するための政治教育その他政治的活動をしてはならない。

教育基本法 第15条

　宗教に関する寛容の態度、宗教に関する一般的な教養及び宗教の
社会生活における地位は、教育上尊重されなければならない。

2　国及び地方公共団体が設置する学校は、特定の宗教のための
　宗教教育その他宗教的活動をしてはならない。

　教育の中立性とは、教育に対する政治的勢力や宗教的勢力の支配を
排除することを指しています。日本国憲法では「思想・良心の自由」（日
本国憲法第19条）、「信教の自由」（日本国憲法第20条）を認めてい
ます。一般に、家庭教育の中で子に保護者自らの政治的・宗教的な考
え方や価値観を教育することはありえます。たとえば「いただきます」
のテーブルマナーは、宗教的価値観によって違いがあります。家庭教
育の中で特定の宗教的価値観に基づいてマナーを教えることはありえ
ます。しかし、学校教育において政治的・宗教的に偏った教育がなさ
れるならば、保護者は子を安心して学校に通わせることができないで
しょう。また、どの政党を支持するか、どの宗教を信じるかは、家庭
や子ども自身によって判断されるべきものです。学校教育、特に教師
が中立でなければ、その判断を歪めてしまいます。学校教育が中立で
あることは、保護者の義務履行に必要な考え方です。

　教育基本法第14条・第15条では、教育の政治的・宗教的中立性に
ついて規定しています。そこでは、まず政治教育、宗教教育ともに、
教育上尊重すべきことを示しています。その一方で、<u>学校教育に限定</u>

第1章
〜PTAと教育
〜PTAとは〜

第2章　日本における教育
の仕組みと課題

第3章　社会教育とは

第4章　家庭教育支援
とは

して、特定の政党を応援したり貶めたりする教育を禁じています。特定の宗教のための宗教教育も禁じられています。学校における布教行為は言うまでもありません。

　ただし、私立学校においては、特定の宗教のための宗教教育を実施することが可能です。私立学校においては、「道徳」を「宗教」に代えて実施しているところもあります。

4　教職員の制度

（1）学校

　法的に「学校」とは、幼稚園、小学校、中学校、義務教育学校、高等学校、中等教育学校、特別支援学校、大学及び高等専門学校の９種類を指します（学校教育法第１条）。以上の９種類の学校は、日本の学校制度にあって中核的な役割を果たす学校です。学校というと、いわゆる理容師・美容師、調理師を育てるような「専門学校」や、主に外国籍の子どもを受け入れる学校「インターナショナルスクール」なども日本にはありますが、これらは、９種類の学校に含まれません。

　学校は「公の性質」を有しています。つまり、学校は個人のためだけにあるのではなく、むしろ社会一般のためにあるという性質を持っているということです。子ども個人が学習するということは、個人のためでもあるのですが、特に学校における学習の結果は社会全体のためにならなければならないものである、と言い換えることができます。ゆえに学校は、公費（もとは国民から徴収した税金）で運営される上、設置者が（特例を除けば）国（国立学校）、地方公共団体（公立学校）、学校法人（私立学校）に限定されるほか（学校教育法第２条）、設置基準（学校教育法第３条）、教育の目標（学校教育法第21条等）、修業年限（学校教育法第32条等）、教科書使用義務（学校教育法第34条等）、教職員の配置（学校教育法第37条等）など、厳格な基準の中で運営されています。

（2）教員免許制度と教員採用

　同様に、教師の資格についても厳格に定められています（学校教育法第8条、教育職員免許法）。これも、学校が「公の性質」を持つにふさわしい水準を維持するためです。そのため、教師になる者は誰でもよいわけではありません。重要な使命を背負っているという自覚、絶えず自ら学び続ける資質、指導者として子どもを育てる能力、これ

表1　教育職員免許制度

	幼稚園	小学校	中学校	義務教育学校	高等学校	中等教育学校	特別支援学校
幼稚園教諭免許状	○						（※3）○
小学校教諭免許状		○		（※1）○			（※3）○
中学校教諭免許状			○	（※1）○		（※2）○	（※3）○
高等学校教諭免許状					○	（※2）○	（※3）○
特別支援学校教諭免許状							（※3）○

【注】
それぞれの学校種で働く教師に必要な免許状に○をつけている。
※1　義務教育学校の教員になるためには、小学校教諭免許状と中学校教諭免許状が必要である。ただし、当分の間、どちらかの免許状があればよい。
※2　中等教育学校の教員になるためには、中学校教諭免許状と高等学校教諭免許状が必要である。ただし、当分の間、どちらかの免許状があればよい。
※3　特別支援学校の教員になるためには、特別支援学校教諭免許状のほか、幼稚部ならば幼稚園教諭免許状、小学部ならば小学校教諭免許状のように、各部に相当する免許状が必要である。ただし、当分の間、特別支援学校教諭免許状がなくても、幼稚園・小学校・中学校・高等学校教諭のいずれかの免許状があればよい。

第1章
〜PTAと教育
〜PTAとは〜

第2章
日本における教育
の仕組みと課題

第3章
社会教育とは

第4章
家庭教育支援
とは

らをしっかりと持っていることが、教師には必要なのです。現在、それらを免許状によって保証しています。教師となるためには、大学等で行われる養成教育を受けた上、教師としての資質能力を備えているという証明として「教育職員免許状」を授与されていることが必要になります。

　免許状には、学校種別に対応して幼稚園教諭免許状、小学校教諭免許状、中学校教諭免許状、高等学校教諭免許状、特別支援学校教諭免許状があります。中学校、高校の免許状は教科ごとに免許状があります。それぞれ相当する免許状を所持していなければ、教壇に立つことができません。こうした考え方を「相当免許状主義」といいます。

　免許状を取得するためには大学等で所定の科目を履修する必要があります。加えて、座学だけではなく、小学校や中学校、特別支援学校、社会福祉施設などでの実習・体験活動が必要です。特に学校における教育実習は重要で、体験的な学習を経る中で、教師としての意識を高めること、教育技術を習得すること、学問的・人間的な課題を発見することなど、座学だけでは修得できない資質能力を向上させることが目指されています。

　教師は、教育職員免許状取得者（または取得見込者）から選考されるのが原則です。公立学校教員の選考のために、都道府県や政令指定都市が教員採用試験を実施しています。受験者はこれに合格することで当該の都道府県や政令指定都市の教師になることができます。

　教員採用試験は、教師としての資質能力を問う内容になります。ペーパーテスト、体育試験、集団面接、模擬授業、場面指導などが試験されます。学力だけでなく、授業スキル、意欲や適性など、教師としての資質能力全般を問う試験が行われます。

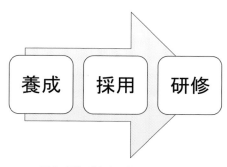

図3「学び続ける教員」の過程

（3）教員研修制度

> **教育基本法 第9条**
>
> 　法律に定める学校の教員は、自己の崇高な使命を深く自覚し、絶えず研究と修養に励み、その職責の遂行に努めなければならない。
>
> 2　前項の教員については、その使命と職責の重要性にかんがみ、その身分は尊重され、待遇の適正が期せられるとともに、養成と研修の充実が図られなければならない。

　免許状は、その取得者に教師としての資質能力があることを証明するものです。たしかにそうなのですが、運転免許証がそうであるように、求められる資質能力の最低水準を保証するものにすぎません。ゆえに、教師は養成段階で学びをやめるのではなく、職についた後、教育専門職として働きながら、絶えず資質能力の向上を図っています。教師が、職にありながら教師としての資質能力を高めていく学びを、研修といいます（また、学びの場そのものを研修ということもあります）。教員の研修については教育基本法第9条に定められています。

　たとえば、校長をはじめとする先輩教師に授業を見てもらい指導を受けることや、授業を公開して学校内外の教師に意見をもらうことなどを教師は日常的に行っています。同じ職場で働く教職員同士、同一のテーマで共同研究を行うこともあります。職場を離れ、個人として大学院などで学ぶこともあります。このように、大部分の教師は学校内外を問わず、資質能力を磨いています。

　また、教師の任命権者が計画を立て実施するプログラムを受講するかたちの研修もあります。任命権者とは、教師を採用し、昇任、転任、配置換えなどを行う責任者のことで、公立学校の教師の場合、都道府県の教育委員会（政令指定都市の場合は、政令指定都市の教育委員会）を指します。

　任命権者は、教職生活1年目の者に対して、1年間の初任者研修を

第1章
〜PTAと教育
〜PTAとは〜

第2章　日本における教育
の仕組みと課題

第3章　社会
教育とは

第4章　家庭教育支援
とは

課すことを義務付けられています。また、同様に教職経験が 10 年程度経過したいわゆる中堅教師に対して、中堅教諭等資質向上研修を課すことを義務付けられています。教師でありながら授業力が極端に欠如していたり、学級をまとめる力がなかったりする者に対しては、指導改善研修を行うことを義務付けられています。任命権者は、これ以外にも様々な研修プログラムを実施しています。

　このように、教師は絶えず学び続けることが求められています。それも、子どもの「教育を受ける権利」を存分に行使させ、あるいは保護者に安心して「教育を受けさせる義務」の履行をしてもらうためなのです。

学校教育の仕組み

教育課程・教科書・「社会に開かれた教育課程」

> この節では、学校教育の仕組み
> として、教育課程、教科書、「社
> 会に開かれた教育課程」といっ
> たことの基礎を学びます。

この節の POINT !

- ●「教育課程」、「教科書」など、この節で触れるキーワードについてその定義を確認しましょう。

- ●「社会に開かれた教育課程」の実現に向けて、あなたが学校教育へ参加していくために、「学習指導要領」や「教科書」の法的仕組みを理解しましょう。

- ● これからの学校教育において求められている学習内容や能力観について確認しましょう。

- ●「社会に開かれた教育課程」の実現に向けて、本節で学んだ学校教育の仕組みを踏まえて、あなたができることを考えてみましょう。

第1章
〜PTAと教育
〜PTAとは〜

第2章
日本における教育
の仕組みと課題

第3章
社会教育とは

第4章
家庭教育支援
とは

　学校教育の仕組みとして、ここでは<u>教育課程</u>、<u>教科書</u>について概説します。そのうえで、2018年現在の教育課程改革において、どのようなことが目指されているのかを確認します。

　結論を先取りすれば、これからの学校教育では、<u>「社会に開かれた教育課程」</u>が求められています。つまり、それぞれの地域社会において、学校に「ゆかり」のある人たちが、お互いに連携して助け合い、学校で行われる教育活動の内容を決定したり、学校の教員とともに授業を行ったりすることがより一層求められる時代になります。ここでの<u>学校に「ゆかり」のある人たちとは、普段から積極的に学校行事に参加したり、日常的に学校の手助けを行ったりしている人たちだけに限りません</u>。次代を担う子どもたちを育てる学校教育は、誰にとっても重要な公共的な事業です。だからこそ、<u>学校教育は、教員の専門性に依拠して行われるとともに、社会に開かれ、市民による対話から立ち上げられるべきものです</u>。この事業がどんな仕組みで成立しているのかについて、<u>多くの学校に「ゆかり」のある人たちが理解を深めることは、学校が「社会に開かれる」第一歩となります</u>。

　学校教育において、「内的事項」とされる教育課程を理解することは、学校教育の中身を知るために重要です。以下では、学校教育で教えられる内容を決める教育課程がどのような構造で成り立っているかについて理解を深めていきましょう。

1　教育課程の仕組み

（1）教育課程とは何か

　<u>教育課程とは、学校で教える教育内容を、学習段階に応じて系統的に配列したもの</u>です。一般に学校教育における教育課程とは、「学校教育の目的や目標を達成するために、教育の内容を児童の心身の発達に応じ、授業時数との関連において総合的に組織した各学校の教育計画」（文部科学省『小学校学習指導要領解説　総則編』、2017年）と定義されます。つまり、教育課程は、学校教育目標の設定に照らし合

わせ、教育する内容を組織化し、なおかつ授業時数の配当を示した計画書です。そのため、教育課程には、子どもたちの学校における学習の見取り図が示されていると言え、学校教育の仕組みを支える重要な機能を持っているのです。

　教育課程と類似して使われる言葉に、カリキュラム（curriculum）があります。カリキュラムとは、ラテン語の「走る」（currere）に由来する言葉で、「人生の来歴」をも意味しています。そのため、カリキュラムは、「学習経験の総体」という意味合いで用いられ、教育課程で示されている教科の学習などだけではなく、意図しない教育や学びをも含む、教育課程より広義の概念です。

　教育課程を編成する主体は、子どもたちに対して直接的に教育活動を行う各学校です。各学校が、学校の状況に照らし合わせながら、子どもたちの学びの見取り図を作成し、それを実施していく仕組みとなっています。

　ただしそれは、学校教育が「公の性質を有する」（教育基本法第6条1項）ため、法令や公的基準に基づいて編成・実施される必要があります。教育課程の編成・実施に関係する法令には、教育基本法、学校教育法、学校教育法施行規則などがあります。また、公的基準を示した代表的なものに「学習指導要領」があります。学習指導要領とは、教育課程の編成・実施の国家的基準で、小学校、中学校、高等学校等ごとに、それぞれの教科等の目標や大まかな教育内容が定められています。文部科学大臣が教育課程の基準として公示する性格をもち、なおかつ学校教育法施行規則の規定に則っています。

（2）学習指導要領の変遷

　ここで学習指導要領の歴史を振り返っておきましょう。第二次世界大戦後、教員が教育課程を編成するための「手引き」として1947（昭和22）年に学習指導要領が編集されました。その後、1951（昭和26）年に改訂が行われましたが、いずれも「手引き」としての性格で、あくまで「試案」とされていました。すなわち、教員には、学習指導要

第1章
〜PTAと教育
〜PTAとは〜

第2章
日本における教育
の仕組みと課題

第3章
社会教育とは

第4章
家庭教育支援
とは

領（試案）に、必ずしも則っていない授業の実施が認められていました。

しかし、1958（昭和33）年の改訂で、学習指導要領が官報に告示される仕組みになったことで、教育課程の国家的基準としての性格をもつことになりました。つまり、学習指導要領は、学校教育法および学校教育法施行規則に基づいて文部科学大臣が公示する形式をとるために、法的拘束力を有するとされる考え方が一般的となったのです。そのため、教員は学習指導要領で示された教育内容に則って教える必要があるとの理解が広まりました。一方で、教育課程の公的基準の法的拘束力の是非は、裁判で争われてきた歴史があることも見逃せません。

1958（昭和33）年の学習指導要領改訂の背景には、欧米諸国の科学技術の発展や経済成長に遅れをとらないよう、産業社会へ対応できる知識・技術を日本全国の子どもたちに身につけさせる必要があるとの認識がありました。さらに、1968（昭和43）年の改訂では、学習内容を高度化し（「教育内容の現代化」）、学校で教えられる内容が最新の科学に基づいた高度なものとなりました。

1977（昭和52）年の学習指導要領改訂で「ゆとり教育」の方針が出されて以降は、授業時数や学習内容が削減されました。これにより、学習の負担を軽減し、各教科等における学習内容を中核的事項に絞ることとなりました。さらには、1989（平成元）年の学習指導要領改訂で「生活科」が創設されたり、1998（平成10）年の学習指導要領改訂で「総合的な学習の時間」が新設されたりするなど、教科横断的な授業や活動が教育課程のなかに入りました。2008（平成20）年改訂では、授業時数が増加しましたが、「生きる力」の育成に特化した内容となりました。

（3）特色ある学校づくりと教育課程

ここまで見てきたように、各学校における教育課程の編成とその実施は、学習指導要領をはじめとする公的基準に基づいて行われる必要があります。それは、教育の機会均等や教育水準の維持向上を図るた

めとされています。つまり、日本全国のどの学校に通っても、公的基準に基づいた、ある程度共通性をもった教育課程が用いられることで、一定水準の教育内容が同一年齢の子どもたちに教授されていく仕組みとなっています。

　ただし、基準に基づくということは、教育課程を学校が独自に開発したり運用したりすることができないということを意味しません。特に1990年代以降、地域や子どもたちの実態に即した「特色ある学校づくり」が強調されるようになりました。各学校において「教育課程を経営する」ことが拡がりを見せてきたのは、この時期からです。1998（平成10）年版学習指導要領において「総合的な学習の時間」が新設され、各学校でのカリキュラム開発の必要性が増しました。つまり、「総合的な学習の時間」の新設により、各学校には、各教科の内容にとどまらない、教科を横断する教育内容を教える必要が生まれたのです。また、この前段階として、1989（平成元）年の学習指導要領改訂によって、教育課程経営が学校の特色化の実現と一体的に捉えられるようになりました。特に小学校では、1989（平成元）年学習指導要領で、「生活科」の新設や、新しい学力観に立った学習指導、観点別評価が導入されたことで、実践的課題として「教育課程の経営」が各学校で重視されるようになりました。

　「生活科」や「総合的な学習の時間」が新設され、教育内容を各学校で「開発する」ことが教育課程経営の俎上に乗り始めた背景には、新たな社会的課題に向き合っていく子どもたちに対して、教科横断的な学習機会を提供し、問題解決能力の育成を実現する必要が生まれたことが指摘できます。教育内容としては、国際理解教育、情報教育、環境教育、福祉教育などの現代的な教育課題への対応が求められるようになりました。同時に、自己教育力の育成や「新しい学力観」の提唱に見られるような、知識の定着だけでなく、主体的な態度を「学力」として育成することが必要とされるようになりました。

第1章
〜PTAとは〜
PTAと教育

第2章
日本における教育
の仕組みと課題

第3章
社会教育とは

第4章
家庭教育支援
とは

2 　教科書の仕組み

（1）教科書とは何か

　教科書（教科用図書）は、各学校が教育課程を編成して教育活動を実施するために重要な役割を果たします。なぜなら、教科等を教えるための中心的な教材となるためです。教科書とは、法的に以下の通り定義されています。

> **教科書の発行に関する臨時措置法　第2条**
> 　この法律において「教科書」とは、小学校、中学校、高等学校、中等教育学校及びこれらに準ずる学校において、教育課程の構成に応じて組織排列された教科の主たる教材として、教授の用に供せられる児童又は生徒用図書であつて、文部科学大臣の検定を経たもの又は文部科学省が著作の名義を有するものをいう。

　この定義によれば、文部科学省が著作の名義を有する図書のほかは、文部科学大臣の検定を経なければ教科書として使用できません。

（2）学校で教科書が使われるまでのプロセス

　教科書が学校の授業で使用できるまでには、以下の通り、①著作・編集→②検定→③採択→④発行（製造・供給）のプロセスを経るため、非常に長い時間と多くの手続きが必要となります。

① 著作・編集

　現在の教科書制度は、民間の教科書発行者による教科書の著作・編集が基本となります。各発行者は、学習指導要領、教科用図書検定基準等をもとに、創意工夫を加えた図書を作成し、検定申請します。

② 検定

　図書は、文部科学大臣の検定を経てはじめて、学校で教科書として使用される資格を与えられます。発行者から検定申請された申請図書

は、教科書として適切であるかどうかを文部科学大臣の諮問機関である教科用図書検定調査審議会に諮問されるとともに、文部科学省の教科書調査官による調査が行われます。審議会での専門的・学術的な審議を経て答申が行われると、文部科学大臣は、この答申に基づき検定を行います。教科書として適切か否かの審査は、教科用図書検定基準に基づいて行われます。

③ 採択

　検定済教科書は、通常、一種目（教科書の教科ごとに分類された単位。例：小学校国語（1〜6年）、中学校社会（地理的分野）、高等学校（数学1））について数種類存在するため、この中から学校で使用する一種類の教科書が決定（採択）される必要があります。採択の権限は、公立学校については、所管の教育委員会に、国・私立学校については、校長にあります。採択された教科書の需要数は、文部科学大臣に報告されます。

④ 発行（製造・供給）

　文部科学大臣は、報告された教科書の需要数の集計結果に基づき、各発行者に発行すべき教科書の種類及び部数を指示します。この指示を承諾した発行者は、教科書を製造し、供給業者に依頼して各学校に供給し、供給された教科書は、児童生徒に渡され、使用されます。

　以上のプロセスを表したものが図1です。

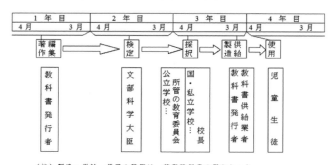

（注）製造・供給、使用の時期は、前期教科書の例をとった。

図1　教科書が使用されるまでの基本的な流れ

出典：文部科学省 HP「教科書が使用されるまで」（http://www.mext.go.jp/a_menu/
shotou/kyoukasho/gaiyou/04060901/1235087.htm：2018 年 11 月 30 日確認）

第1章
〜PTAと教育
〜PTAとは〜

第2章
日本における教育
の仕組みと課題

第3章
社会教育とは

第4章
家庭教育支援
とは

　また、国・公・私立の義務教育諸学校（小・中学校、義務教育学校、中等教育学校の前期課程及び特別支援学校の小・中学部）で使用される教科書は、すべての子どもたちに対し、国の負担によって無償で配布されています。

3　教育課程改革の方向性—新学習指導要領では何が目指されているか

（1）コンピテンシー重視の学力観の強調

　小学校では 2020（令和 2）年度、中学校では 2021（令和 3）年度、高等学校では 2022（令和 4）年度より実施される新学習指導要領は、コンピテンシー重視や「資質・能力」型の学力観へと転換するものとして注目されています。すなわち、子どもたちが「何を知っているか」だけではなく、「知っていることを使ってどのように社会・世界と関わり、よりよい人生を送るか」ということが重視され、知識・技能、思考力・判断力・表現力等、学びに向かう力や人間性など情意・態度等に関わるものすべてを、総合的に育んでいくことが重要とされています。

　この背景には、2030 年の未来社会を見据え、グローバル化への対応や AI（Artificial Intelligence: 人工知能）時代において人間が持つべきとされる知性や能力を学校教育において育成する必要があるとの認識があります。

　そのため新学習指導要領では、「何ができるようになるか」という「資質・能力」の視点を組み込んだ学習観へ転換し、子どもの学習活動を展開していくことを念頭に置いています。新学習指導要領改訂の基盤となった 2016（平成 28）年 12 月 21 日の中央教育審議会答申「幼稚園、小学校、中学校、高等学校及び特別支援学校の学習指導要領等の改善及び必要な方策等について」（以下、答申という）では、「資質・能力」の「3 つの柱」として、以下の要素が挙げられています。

①「何を理解しているか、何ができるか（生きて働く「知識・技能」の習得）」

→各教科等に関する個別の知識や技能など。身体的技能や芸術表現のための技能等も含む。

②「理解していること・できることをどう使うか（未知の状況にも対応できる「思考力・判断力・表現力等」の育成）」

→主体的・協働的に問題を発見し解決していくために必要な思考力・判断力・表現力等。

③「どのように社会・世界と関わり、よりよい人生を送るか（学びを人生や社会に生かそうとする「学びに向かう力・人間性等」の涵養）」

→①、②の力が働く方向性を決定付ける情意や態度等に関わるもの。例えば、

・主体的に学習に取り組む態度も含めた学びに向かう力や、自己の感情や行動を統御する能力など、いわゆる「メタ認知」に関わるもの。

・多様性を尊重する態度と互いのよさを生かして協働する力、持続可能な社会づくりに向けた態度、リーダーシップやチームワーク、感性、優しさや思いやりなど、人間性に関するもの。

（答申、28〜31ページ）

　こうした「知識・技能」、「思考力・判断力・表現力等」、「学びに向かう力・人間性等」の3つからなる「資質・能力」型の学力が求められるようになった背景には、日本の教育界を席巻した2000年代の「PISAショック」があります。

　OECD（経済協力開発機構）は、2000（平成12）年より3年ごとに国際学力調査であるPISA（Programme for International Student Assessment）を実施してきました。この調査では、15歳児を対象に読解力、数学的リテラシー、科学的リテラシーの3分野について、国際的な学習到達度を調査しています。その趣旨は「これまで身に付けてきた知識や技能を、実生活のさまざまな場面で直面する課題にどの程度活用できるかを測る」こととされています。日本では、2003（平

成15）年調査で順位を前回より下げたことで、子どもの学力が低下
していると問題視されました。これがいわゆる「PISA ショック」です。

　「PISA ショック」は、「PISA 型学力」を育成できていないことを
問題視する議論へと推移し、教育政策の転換を促しました。その象徴
的な政策は、2007（平成19）年度より小学校第6学年と中学校第3
学年を対象に実施されている全国学力・学習状況調査です。この調査
では、基礎的な知識を問う A 問題に加え、日常場面への知識の応用
を問う B 問題が出題されており、後者は「PISA 型学力」に類似する
ものです。こうした視点を「学力」として問う動向は、これまでの教
育政策との大きな違いをもたらしました。

　「PISA 型学力」といった学力観の背景にある考え方として、コン
ピテンシー概念があります。これは、「何を知っているか」という知
識のコンテンツだけでなく、「知っていることを使ってどのように問
題を解決するか」という問題解決能力をも含む学力観であり、「資質・
能力」や「21 世紀型能力」など類似概念が様々あります。

　コンピテンシー概念は、1997（平成9）年より、OECD に設け
られた「コンピテンシーの定義と選択（Definition and Selection
of Competencies: DeSeCo）」プロジェクトで提案されたものです。
DeSeCo プロジェクトでは、グローバル化やデジタル化の進展により、
読み書き能力だけでなく、高次の認知能力を含んだ概念としてコンピ
テンシーを定義することを目的としていました。

　DeSeCo プロジェクトで提案されたコンピテンシーとは、人が「特
定の状況の中で（技能や態度を含む）心理社会的な資源を引き出し、
動員して、より複雑な需要に応じる能力」と定義されています。この
中核となるキー・コンピテンシーは、（1）「相互作用的に道具を用い
る力」、（2）「社会的に異質な集団で交流する力」、（3）「自律的に活動
する力」という3つから構成されています。さらに、キー・コンピテ
ンシーの中核として「思慮深さ（reflectiveness）」が位置づけられて
おり、社会から一定の距離をとり、異なった視点を踏まえながら、多
面的な判断を行うとともに、自分の行為に責任をもつ思慮深い思考と

行為が重要とされています。

（2）「主体的・対話的で深い学び」

　「資質・能力」型の学力を育成するために、新学習指導要領改訂では、「どのように学ぶか」を明示することにも踏み込んでいます。そこで一躍教育界のトレンドワードとしてその位置を占めるようになったのが「主体的・対話的で深い学び」（いわゆる「アクティブ・ラーニング」）です。

　「主体的・協働的な問題発見・解決場面」での学び（＝「主体的・対話的で深い学び」、アクティブ・ラーニング）では、学びの質を高め、上述の育成すべき「資質・能力」の３つの柱を育むことが理念化されています。まず、「知識・技能」は、アクティブ・ラーニングで「活用」することによって深い理解と方法の熟達を促すとされます。そして、「思考力・判断力・表現力等」は、アクティブ・ラーニングを「経験」することで磨かれるとされ、「学びに向かう力・人間性等」は、アクティブ・ラーニングの「エンジン」にもなれば、アクティブ・ラーニングにより、子どもたちの学びへの興味と努力し続ける意志を喚起させるとされています。

　「主体的・対話的で深い学び」の導入は、「資質・能力」型の学力を育成するための重要な要素であり、学習の在り方そのものの問い直しを迫るような提起でありました。しかし、学習内容だけでなく、教授方法についての言及が学習指導要領ではじめてなされたこともあり、それが公的基準として示されることで学習方法の画一化へつながるのではないかという懸念も示されています。

（3）「社会に開かれた教育課程」の実現

　「社会に開かれた教育課程」の実現という理念も、新学習指導要領において目指されている重要なものです。これは、学校が社会や世界と接点をもちつつ、多様な人々とつながりを保ちながら学ぶことができる、開かれた環境となるために、教育課程も社会とのつながりを大切

第1章
〜PTAと教育
〜PTAとは〜

第2章
日本における教育
の仕組みと課題

第3章
社会教育とは

第4章
家庭教育支援
とは

にする必要があるとの認識に基づいています。「社会に開かれた教育課程」を新学習指導要領に位置づけた理由は次のように説明されます。

> 　教育課程を通して、これからの時代に求められる教育を実現していくためには、よりよい学校教育を通してよりよい社会を創るという理念を学校と社会とが共有することが求められる。
> 　そのため、それぞれの学校において、必要な学習内容をどのように学び、どのような資質・能力を身に付けられるようにするのかを教育課程において明確にしながら、社会との連携及び協働によりその実現を図っていく、「社会に開かれた教育課程」の実現が重要となることを示した。

（文部科学省『小学校学習指導要領解説　総則編』、2017 年）

　このように、「資質・能力」型の学力をはぐくむために、教育課程の編成・実施において、社会との連携・協働が重要であることが示されました。

　「社会に開かれた教育課程」として重要とされているのは以下３点です。

> ① 社会や世界の状況を幅広く視野に入れ、よりよい学校教育を通じてよりよい社会を創るという目標を持ち、教育課程を介してその目標を社会と共有していくこと。
> ② これからの社会を創り出していく子供たちが、社会や世界に向き合い関わり合い、自らの人生を切り拓いていくために求められる資質・能力とは何かを、教育課程において明確化し育んでいくこと。
> ③ 教育課程の実施に当たって、地域の人的・物的資源を活用したり、放課後や土曜日等を活用した社会教育との連携を図ったりし、学校教育を学校内に閉じずに、その目指すところを社会と共有・連携しながら実現させること。

（答申、19 〜 20 ページ）

　「社会に開かれた教育課程」の提起は、学校教育が公共性をもつ事業として機能していくうえで示唆があります。なぜなら、子どもが社会とつながっているという意識を教育課程の編成・実施に含ませていくことをねらいとしているためです。

　ただし、この「社会」に何を想定するかによって、学校教育という営みが持つ公共性の拡がりは異なってきます。例えば、産業資本主義社会のことを指すものだとして、「社会」を捉えてしまうと、グローバル資本主義社会で、企業人として生き抜くための「グローバル人材育成」を学校が担うという意味に矮小化されてしまいます。他方で、地域社会のことを意識して「社会に開かれた教育課程」を捉えた場合、地域の教育資源活用の意図はもちろん、地域課題の解決に向けた教育課程を編成することをも含意することとなります。とはいえ、この「社会」は、一つの考え方に縛られるものではありません。というよりむしろ、教育課程を編成し、実施するプロセスにおいて、各学校が、子どもの実態に即しながら、自校の教育課程を編成する際に意識しなければならない「社会」とは何かを常に問うことが重要となります。

（4）カリキュラム・マネジメント

　新学習指導要領では、「主体的・対話的で深い学び」を実現し、子どもたちの「資質・能力」を育むために、学校には、カリキュラム・マネジメントの確立が求められています。それは、教育課程の編成主体である各学校が、それぞれの学校や社会の実情を踏まえ（「社会に開かれた教育課程」）、各学校が掲げる教育目標を実現するために、どのような教育課程を編成し、それをどう実施・評価・改善していくかをマネジメントする体制を確立することを狙いとしています。つまり、カリキュラム・マネジメントとは、子どもたちや地域の実態等を踏まえて、各学校が学校教育目標を設定し、その実現に向けて、教育課程を編成し、実施、改善する継続的な営みを指しています。この要素には、以下3つが含まれるとされています。

第1章
〜PTAと教育
〜PTAとは〜

第2章
日本における教育
の仕組みと課題

第3章
社会教育とは

第4章
家庭教育支援
とは

> ① 各教科等の教育内容を相互の関係で捉え、学校教育目標を踏まえた教科等横断的な視点で、その目標の達成に必要な教育の内容を組織的に配列していくこと（教科等横断的な教育課程経営）。
> ② 教育内容の質の向上に向けて、子どもたちの姿や地域の現状等に関する調査や各種データ等に基づき、教育課程を編成し、実施し、評価して改善を図る一連の PDCA サイクルを確立すること（PDCA サイクルの確立）。
> ③ 教育内容と、教育活動に必要な人的・物的資源等を、地域等の外部の資源も含めて活用しながら効果的に組み合わせること（人的・物的資源の効果的活用）。

（答申、23 〜 24 ページに加筆）

　ここでは、「教科等横断的な教育課程経営」と「教育課程を編成し、実施し、評価して改善を図る一連の PDCA サイクルの確立」に加え、「人的・物的資源の効果的活用」もカリキュラム・マネジメントに含まれるものとして提起されています。「人的・物的資源の効果的活用」は、教育課程のソフトウェアである学習内容や授業時数を変えるだけでなく、マネジメントによって、校内環境や校内人事などの子どもの学習環境というハードウェアの側面も変えうる概念として提起されているのです。

　以上、整理してきた新学習指導要領における「資質・能力」、「主体的・対話的で深い学び」、「社会に開かれた教育課程」、カリキュラム・マネジメントの基本構造は、答申において以下の図2の通り示されています。

　ただし、この改訂における大きな懸念は、図2の左下に太字で示されているように、「学習内容の削減は行わない」ということです。学習内容の削減や授業時数を減らすことなしに、この基本構造を成立させる時間的、精神的ゆとりが教員や学校に残されているのでしょうか。この構造が「絵に描いた餅」に終わらないためには、教員の働き方や

職務内容の見直しも同時に議論する必要があります。<u>社会で起きている様々な問題が起こる原因を、学校教育の責任だとして、学校に様々な役割を担わせすぎているのではないでしょうか。</u>

図2　新学習指導要領改訂の基本構造（答申【概要】、24 ページより引用）

（5）「令和の日本型学校教育」の構築と「個別最適な学び」

　以上の新学習指導要領の理念を具体化するために、文部科学省によって「令和の日本型学校教育」を構築する必要性が提起されました。その考え方は、中央教育審議会答申「『令和の日本型学校教育』の構築を目指して〜全ての子供たちの可能性を引き出す、個別最適な学びと、協働的な学びの実現〜」（2021（令和3）年1月26日）にまとめられています。

　この「令和の日本型学校教育」答申に向けた議論は、2019（平成31）年4月に開始されましたが、その後の新型コロナウイルス感染症の感染拡大によって、コロナ対応への言及も盛り込まれています。この中で新学習指導要領の理念を実現するためのキーワードとして「個

第4節　学校教育の仕組み

第1章
～PTAとは～
PTAと教育

第2章
日本における教育
の仕組みと課題

第3章
社会教育とは

第4章
家庭教育支援
とは

別最適な学び」が提起されました。Society5.0を見据えたGIGAスクール構想（児童生徒一人一台のICT端末と高速大容量の通信ネットワークの一体的整備）によって、「個に応じた指導」を充実させ、それを学習者目線から捉えた「個別最適な学び」として実現することが重要だとしています。そして、それを「協働的な学び」と一体的に充実する必要性が提起されています。すなわち、政策上では、新学習指導要領の理念を実現するために、ICT機器を用いた新しい学びの形が求められているのです。

　新型コロナウイルス感染症は、学校教育へも大きな影響をもたらしました。それは、突然の「一斉休校」やソーシャル・ディスタンスを前提とした教室空間など、子どもたちに多くのストレスを与えています。当然、教職員にも相当の緊迫感を与え続けてきています。このような危機に応じて、ICT環境の整備が急速に進められ、新しい時代に対応した学びの形が提起されているわけですが、学校や教員へ社会的課題をより背負わせてしまうことにならないでしょうか。このような時だからこそ、PTAをはじめとする学校に「ゆかり」のある人たちが、学校とつながりを深めることが重要となるでしょう。対面で会うことさえためらわれる状況においても、学校や教員、そして何よりも子どもたちを孤立させない取組が求められるはずです。

第5節　学校教育の現代的課題

子どもを取り巻く教育課題の実態・対応・制度

この節では、「学校教育の現代的な課題」の実態と課題、制度等の基礎について学びます。

この節のPOINT！

● 不登校やいじめなど、現代の子どもが抱える課題について、その定義と実態、対応について確認しましょう。

● 近年の法制度を軸に、家庭と学校、地域の関係について確認しましょう。

● 学校安全の定義と関連する法律に基づいて、安全教育や安全管理における保護者やPTA活動との連携の必要性を確認しましょう。

● 社会の多様性に伴うインクルージョンの考え方について確認しましょう。また、これを踏まえ、特別支援教育、外国人児童生徒への教育、子どもの貧困の課題について検討してみましょう。

第1章
～PTAとは～
PTAと教育

第2章
日本における教育
の仕組みと課題

第3章
社会教育とは

第4章
家庭教育支援
とは

　この節では、学校教育における現代的な課題について、その実態と対応の在り方、制度等について基礎的なことを学ぶことを目的とします。

1　子どもが抱える課題への対応

　学校教育の現場において、子どもたちが直面する課題は多様化・複雑化しています。今日、教師は様々な子どもの課題に向き合い、対応していくことが求められています。ここではまず、不登校といじめに焦点を当てて、その実態を確認しましょう。

　不登校とは、1年の間に連続又は断続して<u>30日以上欠席した児童生徒のうち、何らかの心理的、情緒的、身体的、あるいは社会的要因・背景により</u>、児童生徒が登校しない、またはしたくともできない状況にあること（ただし、病気や経済的理由によるものを除く）を言います（文部科学省「令和元年度　児童生徒の問題行動・不登校等生徒指導上の諸問題に関する調査」）。

　文部科学省の調査によると、2019（令和元）年度の小・中学校における長期欠席者数は252,825人であり、このうち、不登校を理由とする児童生徒数は181,272人となっています。つまり、長期欠席者の約70％が不登校であるという状況です。

　近年、不登校の児童生徒数は減少傾向にありましたが、2013（平成25）年度以降、再び増加に転じています。また、学年別に見ると、小学1年生から中学3年生まで学年が上がるごとに一貫して増加する傾向にあります。

　特に、小学校から中学校への移行期には、新しい生活環境や学習内容に適応できず、不登校となる生徒が急激に増加しています。いわゆる、<u>中1ギャップ</u>です。ギャップは、勉強面だけでなく、心身の成長や学校生活の自由度、クラスや部活動での人間関係など様々な面で生じるものです。そのため、移行期には、子どもたちを注意して見ていかなければなりません。

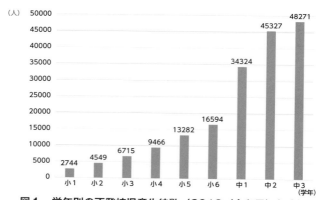

図1　学年別の不登校児童生徒数（2019（令和元）年度）

出典：文部科学省「令和元年度　児童生徒の問題行動・不登校等生徒指導上の諸問題に関する調査」を基に作成

　また、前記の調査によると、不登校児童生徒のうち、欠席日数が90日以上の長期に及ぶケースは全体の55.6％に及んでいます。このような児童生徒に対して、失われた学習機会をどのように提供していくかということは、今日、学校教育における重要な課題となっています。

　2017（平成29）年2月に施行された「義務教育の段階における普通教育に相当する教育の機会の確保等に関する法律」では、すべての児童生徒が豊かな学校生活を送り、安心して教育を受けられるよう、学校における環境を確保するとともに、不登校の児童生徒が行う多様な学習活動の実情を踏まえ、個々の状況に応じた必要な支援を行うようにすること等が基本理念として示されました。また、2017（平成29）年3月に策定された「義務教育の段階における普通教育に相当する教育の機会の確保等に関する基本指針」では、次のように書かれています。

義務教育の段階における普通教育に相当する教育の機会の確保等に関する基本指針

1（3）基本的な考え方

　不登校児童生徒が行う多様な学習活動の実情を踏まえ、個々の不登校児童生徒の状況に応じた必要な支援が行われることが求められるが、支援に際しては、登校という結果のみを目標にするのではなく、児童生徒が自らの進路を主体的に捉えて、社会的に自立することを目指す必要がある。

第1章
〜PTAと教育
〜PTAとは〜

第2章
日本における教育
の仕組みと課題

第3章
社会教育とは

第4章
家庭教育支援
とは

　つまり、社会的自立を目的とした支援の方向性が規定され、そのために、今日の不登校支援は多様で適切な教育機会をどのように保障するのかということが重要な視点となっています。

　つぎに、いじめについて確認しましょう。文部科学省の調査では、2019（令和元）年度のいじめの認知件数は612,496件であり、前年度よりも約10万件増加しています（図2）。特に、2015（平成17）年度以降、急激な増加を示していますが、このことはどのように捉えたらよいのでしょうか。

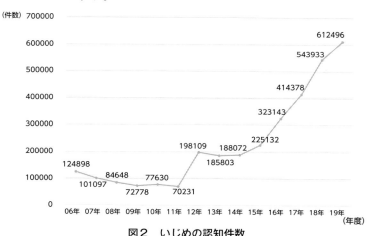

図2　いじめの認知件数

出典：文部科学省「令和元年度　児童生徒の問題行動・不登校等生徒指導上の諸問題に関する調査」を基に作成

　実は、2015（平成27）年度以降の急増は、いじめの状況が悪化しているということを示したものではありません。むしろ、全国的に積極的な認知が進んでいると前向きに理解することができる結果です。そもそも、いじめは、2005（平成17）年度以前は「発生件数」として調査されていました。しかし、学校で把握できていないいじめが多数存在することが認識され、2006（平成18）年度より「認知件数」とされました。図2において、認知件数が急増している年度に着目してみると、たとえば、2011（平成23）年度から2012（平成24）年度にかけて急増していることがわかります。これは、滋賀県大津市でのい

じめ自殺事件を受けて調査が厳密に行われた結果だと考えられます。2015（平成 27）年度以降の急増も、文部科学省が積極的ないじめの認知を促した結果であると考えることができます。

　このように、いじめとは、それを認知する者の意識の影響を強く受けるものです。それゆえ、いじめの定義の理解についても注意が必要です。2013（平成 25）年 9 月に施行された「いじめ防止対策推進法」では、いじめを次のように定義しています。

> **いじめ防止対策推進法 第 2 条第 1 項**
> 　児童生徒に対して、当該児童生徒が在籍する学校に在籍している等当該児童生徒等と<u>一定の人間関係にある他の児童生徒が行う心理的又は物理的な影響を与える行為（インターネットを通じて行われるものを含む。）</u>であって、当該行為の対象となった児童生徒が<u>心身の苦痛を感じているもの</u>をいう。

　これについて、2017（平成 29）年 3 月に最終改定された「いじめ防止等のための基本的な方針」では、次のように示されました。

> **いじめ防止等のための基本的な方針 第 1 − 5 いじめの定義**
> 　個々の行為が「いじめ」に当たるか否かの判断は、表面的・形式的にすることなく、いじめられた児童生徒の立場に立つことが必要である。

　つまり、いじめの定義で考えれば、「物理的な影響」についても、「けんかやふざけ合いであっても、見えないところで被害が発生している場合もあるため…（中略）…<u>児童生徒の感じる被害性</u>に着目し、いじめに該当するか否かを判断する」ことが重要だと言えます。

　いじめは、どの子どもにも、どの学校でも起こり得るものです。国立教育政策研究所の調査によれば、仲間外れや無視、陰口などのいじめについて、小学 4 年生から中学 3 年生までの 6 年間で、いじめの被害経験をまったく持たない児童生徒は 1 割程度、加害経験を全く持たない児童生徒も 1 割程度であることが明らかにされています。また、

第1章
〜PTAとは〜
PTAと教育

第2章
日本における教育
の仕組みと課題

第3章
社会教育とは

第4章
家庭教育支援
とは

いじめは、いじめる側といじめられる側という二者関係だけで成立しているものではありません。周囲ではやし立てたり、面白がったりする「観衆」や、周辺でただ暗黙の了解を与えている「傍観者」を含めた四層構造で成り立っています（森田，2010）。さらに、中学生以上になると、学級内にいじめではないが理不尽な関係、いわゆる「スクール・カースト」と呼ばれる児童生徒間の地位が目立つようになります（鈴木，2012）。今日の子どもたちは、学校において、いじめと全く関わりなく生活することはきわめて難しいと言えるでしょう。

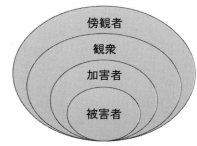

図3　いじめの四層構造

出典：森田洋司（2010）『いじめとは何か―教室の問題、社会の問題』中央公論新社を基に作成

2　家庭・学校・地域の関係

　以上のような子どもが直面する教育課題に対応するためには、社会全体で子どもを見守り、健やかな成長を促すよう、家庭と学校、地域とが連携することが必要です。2006（平成18）年に改正された「教育基本法」は、教育をめぐる家庭と学校、地域の連携・協力関係について次のように規定しています。

> **教育基本法 第13条**
> 　学校、家庭及び地域住民その他の関係者は、教育におけるそれぞれの役割と責任を自覚するとともに、相互の連携及び協力に努めるものとする。

　日本においては、1990 年代以降、「開かれた学校」という理念に基づいて、家庭と学校、地域の連携・協力の強化を志向した施策が多数展開されてきました。たとえば、学校評議員制度の導入（2000（平成12）年）、学校運営協議会制度の導入（2004（平成 16）年）、学校支援地域本部事業の開始（2008（平成 20）年、ただし、2017（平成 29）年以降、地域学校協働本部へと発展）などがあります。

　学校評議員制度は、1998（平成 10）年の中央教育審議会（以下、「中教審」という）答申「今後の地方教育行政のあり方について」による地域に開かれた学校づくりを推進する視点から、2000（平成 12）年、学校教育法施行規則の改正により創設されました。学校評議員制度は、校長の求めに応じ、学校評議員として委嘱された保護者や地域住民が、学校運営に関し意見を述べることができることが特徴です（学校教育法施行規則第 49 条第 2 項）。

　一方、学校運営協議会制度は、2004（平成 16）年、「地方教育行政の組織及び運営に関する法律」（以下、「地教行法」という）の改正によって保護者や地域住民が一定の権限と責任を持って学校運営に参画する

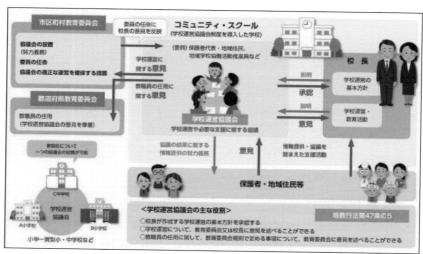

図 4　コミュニティ・スクールの仕組み

出典：文部科学省 HP「コミュニティ・スクールのつくり方（学校運営協議会設置の手引）（令和元年度改訂版）」（https://manabi-mirai.mext.go.jp/upload/tukurikataR2.10.pdf：2021 年 5 月 20 日確認）

第1章
〜PTAとは〜
PTAと教育

第2章
日本における教育
の仕組みと課題

第3章
社会教育とは

第4章
家庭教育支援
とは

ことを可能とする仕組みとして導入が進められました。つまり、学校の運営及び運営に必要な支援等について協議する「合議制」の機関です。近年では、学校運営協議会の導入により、学校評議員を廃止する動きも見られます。

　また、学校運営協議会が設置された学校のことをコミュニティ・スクールと言います。今日、学校と地域住民等が力を合わせて学校の運営に取り組むことが可能となる「地域とともにある学校」への転換を図る有効な仕組みだと考えられています。2017（平成29）年4月に「地教行法」が一部改正されたことで、今後すべての公立学校に学校運営協議会を設置することが教育委員会の努力義務となりました。そのため、今後ますます学校と地域との連携・協力をさらに促進していく仕組みとなっていくと考えらえます。

　なお、2007（平成19）年6月の学校教育法の一部改正により、学校評価の実施が明確化されました。学校評価は、自己評価と学校関係者評価によって行われ、学校教育法第42条では次のように書かれています。

> **学校教育法 第42条**
> 　小学校は、文部科学大臣の定めるところにより当該小学校の教育活動その他の学校運営の状況について評価を行い、その結果に基づき学校運営の改善を図るため必要な措置を講ずることにより、その教育水準の向上に努めなければならない。

　上述の通り、学校運営協議会が拡充されることで、学校運営協議会制度を活用して学校関係者評価を実施し、学校運営の評価と改善を連動させることも求められています（「学校評価ガイドライン（2016年改訂版）」）。

　また、2015（平成27）年12月の中教審答申「新しい時代の教育や地方創生の実現に向けた学校と地域の連携・協働の在り方と今後の推進方策について」において、コミュニティ・スクールの推進とともに示されたのが地域学校協働活動です。地域学校協働活動とは、地域と

学校が連携・協働して、高齢者、学生、保護者、民間企業等、幅広い地域住民等の参画により、地域全体で未来を担う子どもたちの成長を支え、地域を創生する活動のことです。ここでは、従来の学校支援地域本部や放課後子供教室などの取組を基盤として、「支援」から「連携・協働」、「個別」の活動から「総合化・ネットワーク化」へと発展させることが求められています。

　また、そのために学校と地域が協働する枠組みとして地域学校協働本部を全国に整備することになりました。地域学校協働本部を設置することで、学校側が必要とする支援活動と何らかの形式で学校との協働活動に参画したいという地域住民を総合的に捉え、双方向的な連携・協働関係の構築による持続可能な体制の実現が目指されています。上述の答申を受け、2017（平成29）年３月に改正された「社会教育法」において制度化された地域学校協働活動推進員が、地域と学校とをつなぐキーパーソンとして、地域側の総合窓口として学校との協働体制を構築するとともに、学校や放課後の教育支援活動の調整や地域人材の確保などを担うことが期待されています。

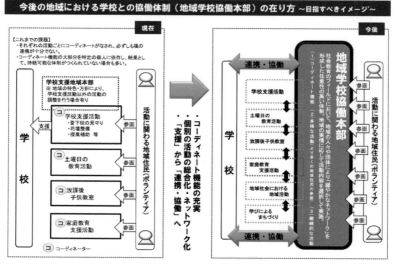

図５　学校支援地域本部と地域学校協働本部の違い

出典：文部科学省 HP「地域学校協働活動の推進に向けたガイドライン」(https://manabi-mirai.mext.go.jp/torikumi/setsumeikai_siryou01.pdf：2021年5月20日確認)

第1章
〜PTAとは〜
PTAと教育

第2章
日本における教育
の仕組みと課題

第3章
社会教育とは

第4章
家庭教育支援
とは

3　学校安全と危機管理

　学校は常に子どもたちにとって安心・安全な生活が確保される場でなければなりません。しかし実際には、様々な「危機」が存在します。たとえば、熱中症や運動時の事故はもちろん、感染症やアレルギーなどの健康面、いじめや暴力行為などの問題行動等、不審者や自然災害、テロなどの脅威というように例を挙げるに事欠きません。このように、学校は常に危機と隣り合わせであることは避けることのできない現実であり、今日、その対応は学校運営の重要な課題となっています。では、このような危機に対して、学校教育はどのように対応しなければならないのでしょうか。

　今日、学校は、学校安全に取り組まなければなりません。学校安全とは、児童生徒等が「自他の生命尊重を基盤として、自ら安全に行動し、他の人や社会の安全に貢献できる資質や能力を育成するとともに、児童生徒等の安全を確保するための環境を整えること」をねらいとして行われるものです（文部科学省 2010『学校安全参考資料「生きる力」をはぐくむ学校での安全教育』：11 頁）。つまり、<u>学校安全は、安全教育と安全管理を両輪とし、それらを相互に関連づけて行う必要があります</u>。また、両者の活動を円滑に進めるために、校内組織と家庭、地域社会との連携を図る組織活動を含めた三つの主要な活動から構成されています。

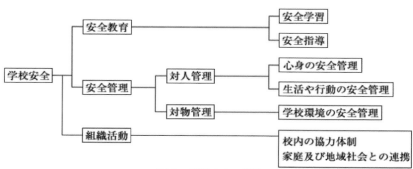

図６　学校安全の構造

　また、学校における安全教育には二つの側面があります。一つは安全学習です。安全学習とは、「安全に関する基礎的・基本的事項を系統的に理解し、思考力、判断力を高めることによって安全について適切な意志決定ができるようにすること」をねらいとしています（前掲書：22頁）。もう一つは、安全指導です。安全指導とは、「当面している、あるいは近い将来当面するであろう安全に関する問題を中心に取り上げ、安全の保持増進に関するより実践的な能力や態度、さらには望ましい習慣の形成を目指して行う」ものです（前掲書：22頁）。たとえば、保健体育や道徳科などの関連教科や総合的な学習の時間における安全学習と、学級活動や学校行事における安全指導を中心として進められることになります。さらに、様々な機会における安全学習と安全指導を密接に関連付けながら、全校的な立場から推進していくことはもちろん、校内における安全教育とPTAや地域社会における活動等との連携も組織的に実施していく必要があります。

　一方、学校における安全管理は、「事故の要因となる学校環境や児童生徒等の学校生活等における行動の危険を早期に発見し、それらの危険を速やかに除去するとともに、万が一、事件・事故災害が発生した場合には、適切な応急手当や安全措置ができるような体制を確立して、児童生徒等の安全の確保を図ることを目指して行われるもの」です（前掲書：23頁）。安全管理について、「学校保健安全法」では、各学校に学校安全計画の策定をもとめるとともに、これに基づく安全点検の実施を規定しています（第27条）。また、何らかの危機に学校が直面した際に、学校の教職員が取るべき措置の具体的内容や手順を定めた対処要領、いわゆる危機管理マニュアルを策定することも求めています（第29条）。危機管理マニュアルは、その作成後も繰り返し検証・見直しをすることが必要です。その際、学校組織と地域の関係機関等との連携（第30条）を意識して、「学校のみならず保護者や地域、関係機関に周知し、地域全体で安全確保のための体制整備を行うこと」が重要です（文部科学省（2018）『学校の危機管理マニュアル作成の手引』：2頁）。つまり、図7のように、マニュアルをもとに実際に訓

練することや、そこから得られた成果や課題を明らかにし、対策を講じ見直しを行う際にも保護者や地域、関係機関がともにかかわっていく必要があります。

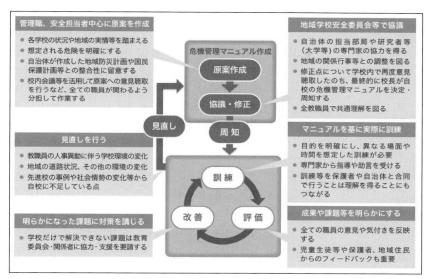

図7　危機管理マニュアル作成・見直しの手順例

出典：文部科学省 HP「学校の危機管理マニュアル作成の手引」（https://www.mext.go.jp/a_menu/kenko/anzen/__icsFiles/afieldfile/2019/05/07/1401870_01.pdf：2021 年 5 月 20 日確認）

4　インクルージョン

　最後に、社会の多様性に対応するインクルージョンの課題を取り上げます。近年、共生社会の実現に向けて、学校現場では様々な多様性が意識化されるようになり、それに伴って、教師の職務も徐々に拡大しています。特に、学校現場で意識化されているのが特別支援教育の充実です。現在、知的発達に遅れはないものの、学習面または行動面で著しい困難を示す児童生徒は、通常の学級に 6.5% 在籍していると言われています（文部科学省初等中等教育局特別支援教育課（2012）「通常の学級に在籍する発達障害の可能性のある特別な教育的支援を必要

とする児童生徒に関する調査結果について」）。2006（平成18）年6月に学校教育法が一部改正され、「特殊教育」が「特別支援教育」へと転換されて以降、特別支援教育を取り巻く環境は大きな変革がなされてきました。

　中教審「共生社会の形成に向けたインクルーシブ教育システム構築のための特別支援教育の推進（報告）」によれば、共生社会とは、「これまで必ずしも十分に社会参加できるような環境になかった障害者等が、積極的に参加・貢献していくことができる社会」のことを指します。この共生社会の形成に向けて、インクルーシブ教育システムを構築し、特別支援教育を着実に進めていく必要があります。インクルーシブ教育システムにおいては、障害のある者とない者が共に学ぶ仕組みを提供するとともに、個別の教育的ニーズのある幼児児童生徒に対して、その時点で教育的ニーズに最も的確に応える指導が提供できる仕組みを整備することが重要です。

　また、インクルーシブ教育システムにおいて、障害のある者が教育制度一般から排除されないよう個人に必要な合理的配慮が提供されなければなりません。合理的配慮とは、障害のある子どもが、他の子どもと平等に「教育を受ける権利」を享受・行使することを確保するために、学校の設置者及び学校が必要かつ適切な変更・調整を行うことであり、具体的には、通学のための駐車場の確保、教室の場所の変更、介助等を行う保護者や支援員等の教室への入室などの物理的環境への配慮や人的支援の配慮などがあります。

　しかし、インクルージョンとは、特別支援教育に限定された概念なのでしょうか。本来、インクルージョンとは、貧富の差や宗教、人種、性別の違い、障害の有無など子どもの環境や個人的な背景によって学校から排除されない教育のことです（鈴木，2006）。つまり、障害の有無に限らず、様々な要因により学習困難な状況に陥っている子どもたちを視野に入れなければいけません。その一例として挙げられるのが、外国人児童生徒等の増加と対応です。日本に暮らす外国籍者は増加しており、2018（平成30）年度、公立小・中・高等学校に在籍す

第1章
〈PTAとは〉
PTAと教育

第2章
日本における教育
の仕組みと課題

第3章
社会教育とは

第4章
家庭教育支援
とは

る外国人児童生徒数は 93,133 人となっています。このうち日本語指導が必要な児童生徒数は 40,485 人であり、日本語指導が必要な日本国籍を有する児童生徒数と合わせると 50,759 人に及びます（「『日本語指導が必要な児童生徒の受入状況等に関する調査（平成 30 年度）』の結果について」）。また、現在では国籍や母語、母文化などの多様化に加えて、在留外国人の保護者が学齢期の途中段階で子どもを呼び寄せるなど、児童生徒の渡日や就学のタイミングも多様化しています。彼らの円滑な学校生活への適応や日本語指導というきめ細やかな指導体制の構築など、学校に求められている機能はますます拡大していると言えるでしょう。

　また、「子どもの貧困」も現代の子どもの学習困難な状況を形成する要因の一つです。厚生労働省の「2019 年国民生活基礎調査」によれば、2018（平成 30）年の子どもの貧困率は 13.5% であり、OECD に加盟する主要国の中で高い結果を示しています。子どもの貧困率とは、「貧困線」（等価可処分所得の中央値の半分）以下の所得で生活する「相対的貧困」状況にある 17 歳以下の子どもの割合のことです。また、日本においてより重要な課題はひとり親家庭の経済的困窮状況です。2018（平成 30）年のひとり親家庭の貧困率は 48.1% であり、主要国で最悪レベルと言われています。

　しかし、貧困とは「貧乏」ということではありません。社会活動家の湯浅誠の言葉を借りれば、貧困とはお金や人のつながりの喪失に加えて、自信ややる気などの精神的な「溜め」も失われてしまった状態のことだと言えます。そのため、全国に広がりつつあるこども食堂などの取組も、食事の提供という機能だけが大切なのではなく、様々な人が集う場を構築することに意味があると考える必要があります。学校や地域社会に、このような多様な人々が集う場を形成していくことで、私たち自身が、当事者として、多様性に向き合っていく必要があります。図8に示したこども食堂のイメージは、そのような社会の在り方を表しているのではないでしょうか。

イラスト　kucci

図8　こども食堂のイメージ

出典：一般社団法人全国食支援活動協力会運営「広がれ、こども食堂の輪！」推進会議HP「広がれ、こども食堂の輪！こども食堂サポートセンター」（https://kodomosyokudo.mow.jp/about：2021年6月7日確認）

＜引用・参考文献＞

鈴木翔（2012）『教室内（スクール）カースト』光文社

鈴木文治（2006）『インクルージョンをめざす教育』明石書店

森田洋司（2010）『いじめとは何か－教室の問題、社会の問題』中央公論新社

第3章

社会教育とは

社会教育とは何か

第 1 節

地域で学び、地域を支える社会教育

> この節では、PTA 活動
> を行う上で学んでおき
> たい「社会教育」の基
> 本を扱います。

この節の POINT！

- 社会教育の基本的な内容について、法律上の定義を確認しましょう。
- 社会教育の担い手である社会教育施設には、どのような種類があるか、そして各施設はどのような目的や特徴を持ち、どのような活動を行っているかを見てみましょう。
- 社会教育を推進する専門的職員のほか、社会教育の様々な活動に関わるコーディネーターやボランティア等の役割を学び、PTA 活動を進める上でこれらの人と連携する重要性について考えましょう。
- PTA を含む社会教育関係団体について、法律ではどのように定められているか、社会教育関係団体と行政との関係性等について、基本的な事項を確認しましょう。

第1章
〜PTAと教育
〜PTAとは〜

第2章
日本における教育
の仕組みと課題

第3章
社会教育とは

第4章
家庭教育支援
とは

　「教育」と聞くと、「学校」を思い浮かべる人が多いかもしれません。しかし、学校以外にも、私たちの身近には図書館、博物館や公民館のように、誰でも自由に学べる施設があります。そこで行われる教育は、学校教育とは異なり、学ぶ内容、学ぶ人の年齢や学ぶ時間も多様です。

　これらの施設や地域社会で行われる様々な教育は、学校や家庭における教育と区別して「社会教育」と呼ばれています。PTAもまた社会教育に関する事業を行う団体の一つです。

　本節では社会教育とは何か、基本的な事柄について学びます。

1　社会教育の定義

　学校教育が学校という特定の施設で、学校教育法や学習指導要領等の特定の法令等に沿った内容で、児童や生徒等、特定の者を対象として行われるのに対して、社会教育は、場所、内容や対象者が学校ほど限定されていない点が特徴です。

　例えば、身近にある公民館の講座を見てみると、語学、歴史、自然科学、地域文化等の教養の向上を目指す講座、手工芸、俳句等の趣味に関する講座、料理や健康等の家庭生活に関する講座、レクリエーション・スポーツ、職業知識・技術のほか、まちづくり、防災、環境問題、ボランティア等の市民意識の向上に関する講座等、多様な内容で行われ、学習者の年齢層も様々です。

（1）教育基本法の「社会教育」

　社会教育は、教育基本法の第12条で「個人の要望や社会の要請にこたえ、社会において行われる教育」とされています。

　社会教育は大きく次の2つの側面を持っているといえます。1つには、個人の教養や生活を向上させるという個人の要望に応える側面と、もう1つは社会のニーズに応える側面です。具体的には、地域が抱える課題について学び、解決に向けて活動していくことによって地域課題の解決に貢献することなどが挙げられます。

　例えば、過疎化などで地縁が薄れ、お隣さんとの交流が途絶えている地域で、公民館の健康・介護や年金に関する講座を提供することで、参加した高齢者が知識を得られるだけでなく、高齢者同士の交流や居場所づくりも促進されるようになるなど、市民の健康を守るとともに地縁以外の新しいコミュニティづくりに貢献する例等が挙げられます。

　PTAも、学校や皆さんの子どものためだけではなく、すべての子どもたちの交通安全を見守る活動や地域の環境美化活動等に見られるように、地域社会全体のニーズに応える活動が多くあります。PTA会員同士が意見を出し合い、学び合い、学校とともに地域に貢献できる活動を企画していくことが期待されています。

　国や地方公共団体は、これらの社会教育を奨励していくこと、社会教育施設の設置や情報提供等を通じて社会教育の振興に努めなければならないことが教育基本法で規定されています。

博物館のギャラリートーク

青少年教育施設の体験活動

公民館の講座

図1　様々な社会教育の場の例

第1章
〜PTAと教育
〜PTAとは〜

第2章
日本における教育
の仕組みと課題

第3章
社会教育とは

第4章
家庭教育支援
とは

> **教育基本法**
> （社会教育）
> 第12条　個人の要望や社会の要請にこたえ、社会において行われる教育は、国及び地方公共団体によって奨励されなければならない。
> 2　国及び地方公共団体は、図書館、博物館、公民館その他の社会教育施設の設置、学校の施設の利用、学習の機会及び情報の提供その他の適当な方法によって社会教育の振興に努めなければならない。

（2）社会教育法の定義

　「社会において行われる教育」といってもその範囲はあまりにも広いので、行政が関わり、奨励する範囲はどこまでで何をするかなど、社会教育に関する基本的なことを具体的に定めた法律があります。これが社会教育法です。社会教育法における「社会教育」の定義は、「学校の教育課程として行われる教育活動を除き、主として青少年及び成人に対して行われる組織的な教育活動（体育及びレクリエーションの活動を含む。）」と規定されています（社会教育法第2条）。

2　社会教育施設の種類と活動

　生涯学習社会において、すべての人々があらゆる機会やあらゆる場所を通じて学べるように、地域には様々な社会教育施設が設置されています。

　社会教育施設には、公民館、図書館、博物館のほか、青少年教育施設、女性センター等の女性教育施設、体育館等の社会体育施設があります。ここでは主な施設の概要について、見ていきましょう。

（1）公民館

　地域のお祭りや成人式等の行事、学習会等の会場として公民館を利用したことがある人も多いと思います。公民館は全国に14,281館（類

似施設を含む）あり（2018（平成 30）年 10 月 1 日現在。文部科学省「平成 30 年度社会教育調査統計」）、その数は中学校の数よりも多く、他の社会教育施設に比べても日常の生活圏にきめ細かく配置された社会教育施設といえます。市町村、一般社団法人又は一般財団法人が設置しています。

① 公民館の目的

公民館の目的は、「市町村その他一定区域内の住民のために、実際生活に即する教育、学術及び文化に関する各種の事業を行い、もつて住民の教養の向上、健康の増進、情操の純化を図り、生活文化の振興、社会福祉の増進に寄与すること」（社会教育法第 20 条）と規定されています。

もっとシンプルには、公民館は、「集い、学び、つながる」場といわれることがあります。地域の人々が集まり、生活していく上で必要な知識を得たり、話し合ったり、つながりを深める場であるといえます。

② 公民館の活動

公民館は、主に定期講座、討論会、講習会、講演会、実習会、展示会等を開催するほか、住民が自ら学べるように図書や資料等を備えたり、各種の団体や機関等の連絡調整をしたり、住民の集会等の公共的利用のために施設を貸し出したりしています（下記参照）。

例えば学級講座の例としては、家庭子育て講座、子ども体験教室、退職期生活設計講座、地域リーダー学習講座、高齢者生きがい講座等、

> **公民館の主な事業**
> ・定期講座の開催
> ・討論会、講習会、講演会、実習会、展示会等を開催
> ・図書、記録、模型、資料等を備え、その利用を図ること
> ・体育、レクリエーション等に関する集会の開催
> ・各種の団体、機関等の連絡を図ること
> ・施設を公共的利用に供すること
> （参考：社会教育法第 22 条）

サークル活動の支援としては子育てサークル等を支援するほか、公民館祭りなどの各種行事、発表会、展示会、映画会など、地域の人々が集い、交流する機会が提供されています。

③ 公民館の専門的職員

公民館には、館長が置かれ、各種の事業の企画実施、必要な事務や職員の監督にあたります。このほか、館には事業の実施にあたる主事や必要な職員を置くことができ、主事は一般的に公民館主事と呼ばれています。

館長と公民館主事は、多様化、高度化する地域住民の学習ニーズに的確にこたえるため、社会教育に関する識見と経験、事業に関する専門的な知識や技術を有する者を充てるよう努めると示されています（公民館の設置及び運営に関する基準）。

公民館職員の職務としては、例えば公民館が主催する社会教育事業の企画・実施、個々の住民や住民のグループなどに対する情報提供や学習相談、社会教育活動を行う団体に対する学習スペースの提供、地域における住民同士、あるいは団体同士の連携の促進等が挙げられます。

④ 公民館に期待される役割

公民館は、「地域の学習拠点」として、学校、社会教育施設、社会教育関係団体、NPOその他の民間団体、関係行政機関等との共同による多様な学習機会の提供、家庭教育に関する学習機会及び学習情報の提供、相談事業や、交流機会の提供、体験活動等に関する学習機会や学習情報を提供することなどが期待されています（公民館の設置及び運営に関する基準）。

地域コミュニティの衰退が社会全体の課題となる中、今後は、特に、住民が主体的に地域課題を解決するために必要な学習を推進する役割や、学習の成果を地域課題の解決のための実際の活動につなげていくための役割、地域コミュニティの維持と持続的な発展を推進するセンター的役割、地域の防災拠点としての役割、「社会に開かれた教育課程」[注]の実現に向けた学校との連携を強化するとともに、地域学校協働活動の拠点としての役割などを強化することが求められています

（中央教育審議会（以下、中教審）答申「人口減少時代の新しい地域づくりに向けた社会教育の振興方策について」（平成 30 年 12 月））。

注）「社会に開かれた教育課程」とは、「よりよい学校教育を通じてよりよい社会を作るという目標を学校と社会とが共有し、それぞれの学校において必要な教育内容を明確にしながら、社会との連携・協働によってそのような学校教育の実現を図ることを目指すもの」（文部科学省リーフレット「生きる力～学びの、その先へ～」）

（2）図書館

　図書館といえば子どもから大人まで幅広い年代の人が本を借りに出かけ、静かに本を読んで過ごす場所という印象があるかもしれませんが、図書の貸出にとどまらず、様々な資料や情報を活かしたイベントを通じて地域に賑わいを創出する図書館や、課題解決支援等に取り組む図書館も見られています。

　図書館の設置者には地方公共団体、一般社団法人又は一般財団法人等があり、設置者により公立図書館と私立図書館に分類されます。図書館の数は全国に 3,360 館あります（2018（平成 30）年 10 月 1 日現在。同種施設含む。文部科学省「平成 30 年度社会教育統計」）。

① 図書館の目的

　図書館の目的は、「図書、記録その他必要な資料を収集し、整理し、保存して、一般公衆の利用に供し、その教養、調査研究、レクリエーション等に資すること」と定められています（図書館法第 2 条）。一般公衆、つまりすべての人々を利用の対象とすることが特徴です。

　なお、国立国会図書館、大学図書館や学校図書館は、図書館という名称であっても、主な利用対象者は議員、学生や児童生徒等であり、図書館法とは異なる法令等に基づいて設置されています。ただし、実際には国立国会図書館における閲覧や複写等の来館サービス、大学図書館の一般利用等、一般の人々が利用できるサービスを提供しているところも多くあります。

② 図書館の活動

　図書館はすべての人々に対するサービス（図書館奉仕）のため、資料を収集して一般の人々が利用できるようにすること、資料の分類と

配架、資料の相談に応じること、読書会、研究会、鑑賞会、映写会、資料展示会等の主催や開催の奨励等を行っています（下記参照）。

　なお、これらを行うにあたっては、土地の事情や人々のニーズに沿うこと、学校教育を援助し、家庭教育の向上に資することとなるように留意することが求められています（図書館法第2条）。

図書館奉仕の主な内容

・図書、記録、視聴覚教育の資料その他必要な資料を収集し、一般公衆の利用に供すること
・図書館資料の分類排列、目録の整備
・図書館資料の利用のための相談対応
・他の図書館等との連絡、協力、相互貸借の実施
・分館等の設置、自動車文庫等の巡回
・読書会、研究会、鑑賞会、映写会、資料展示会等の主催、開催の奨励
・時事に関する情報及び参考資料の紹介、提供
・社会教育における学習の成果を活用して行う教育活動等の機会の提供、提供の奨励
・学校、博物館、公民館、研究所等との連絡・協力
　（参考：図書館法第3条）

③ 図書館の専門的職員

　図書館には館長のほか、専門的な職務を担う司書やこれを助ける司書補等の専門的職員が配置されています。多くの図書館では図書館法で定める資格を有する者が業務にあたっています。

　司書の職務は主に、図書館資料の選択、発注及び受け入れ、図書館資料の分類及び蔵書目録の作成、目録に基づく検索、図書館資料の貸出及び返却、図書館資料についてのレファレンスサービス（専門的な資料を通じた相談等）、読書案内、読書活動を推進するための各種主催事業の企画、立案と実施、館外奉仕活動の展開等です。

④ 図書館に期待される役割

　図書館は、住民の身近にあって、図書やその他の資料を収集、整理、

保存し、その提供を通じて住民の個人的な学習を支援するという従来の役割に加え、特に近年は、地域が抱える課題の解決や医療・健康、福祉、法務等に関する情報や地域資料等、地域の実情に応じた情報提供サービスを行うことが期待されています（中教審答申「新しい時代を切り拓く生涯学習の振興方策について」（平成 20 年 2 月））。

　さらには今後、例えば障害の有無に関わらずすべての住民に読書の機会を提供する役割の強化や「社会に開かれた教育課程」の実現にむけた学校との連携強化、商工労働部局や健康福祉部局などとも連携した地域課題の解決や地域の先駆的・主体的な取組の支援に資するレファレンス機能の充実など、地域住民のニーズに対応できる情報拠点としてのさらなる役割の強化や、まちづくりの中核となる地域住民の交流拠点としての機能の強化等もますます期待されています（中教審答申「人口減少時代の新しい地域づくりに向けた社会教育の振興方策について」（平成 30 年 12 月））。

（3）博物館

　博物館は、資料収集・保存、調査研究、展示、教育普及といった活動を一体的に行い、実物資料を通じて人々の学習活動を支援する施設で、その種類が実に多種多様であることなどが特徴です。歴史や科学博物館をはじめ、美術館、動物園、水族館なども博物館に含まれます。博物館の総数（国公私立）は 5,738 館（登録博物館 914 館、博物館相当施設 372 館、博物館類似施設 4,452 館）あります[注]（2018（平成30）年 10 月 1 日現在。文部科学省「平成 30 年度社会教育統計」）。

注）博物館の種類は、要件を満たして登録を受けた「登録博物館」、一定の要件を満たし、登録博物館に類似した事業を行う施設で文部科学大臣あるいは都道府県教育委員会の指定を受けた「博物館相当施設」と博物館法に基づかない「博物館類似施設」に分類されます。

① 博物館の目的

　博物館は、歴史、芸術、民俗、産業、自然科学等に関する資料を収集し、保管（育成を含む。以下同じ。）し、展示して教育的配慮の下に一般公衆の利用に供し、その教養、調査研究、レクリエーション等

第1章
～PTAと教育
PTAとは～

第2章
日本における教育
の仕組みと課題

第3章
社会教育とは

第4章
家庭教育支援
とは

に資するために必要な事業を行い、あわせてこれらの資料に関する調査研究をすることを目的としています（博物館法第2条）。

② 博物館の活動

　博物館は、博物館資料の収集、保管、展示、博物館資料の利用に関する必要な説明・助言・指導、博物館資料に関する専門的、技術的な調査研究等を行っています（下記参照）。

　これらの事業を行うにあたっては、土地の事情を考慮し、国民の実生活の向上に資し、学校教育を援助し得るようにも留意しなければならないとされています（博物館法第2条2項）。

博物館の主な事業

- 博物館資料を豊富に収集し、保管し、及び展示すること
- 分館を設置し、又は博物館資料を当該博物館外で展示すること
- 一般公衆に対して、博物館資料の利用に関し必要な説明、助言、指導等を行い、又は研究室、実験室、工作室、図書室等を設置してこれを利用させること
- 博物館資料に関する専門的、技術的な調査研究
- 博物館資料の保管及び展示等に関する技術的研究
- 博物館資料に関する案内書、解説書、目録、図録、年報、調査研究の報告書等の作成、頒布
- 博物館資料に関する講演会、講習会、映写会、研究会等の主催、開催の援助
- 当該博物館の所在地又はその周辺にある文化財保護法の適用を受ける文化財について、一般公衆の利用の便を図ること
- 社会教育における学習の機会を利用して行った学習の成果を活用して行う教育活動その他の活動の機会提供、提供の奨励
- 他の博物館、博物館と同一の目的を有する国の施設等と緊密に連絡し、協力し、刊行物及び情報の交換、博物館資料の相互貸借等を行うこと。
- 学校、図書館、研究所、公民館等の教育、学術又は文化に関する諸施設と協力し、その活動を援助すること
　　（博物館法第3条を抜粋、要約）

③ 博物館の専門的職員

　登録博物館には、館長と専門的な職務を担う学芸員を置くことが規定されています（博物館法第4条1項、3項）。多くの博物館では博物館法で定める資格を有する者が業務にあたっています。

　学芸員は専門的職員として「博物館資料の収集、保管、展示及び調査研究その他これと関連する事業についての専門的事項をつかさどる」とされています（博物館法第4条4項）。「これと関連する事業」とは具体的には、教育普及活動等が挙げられます。この他、学芸員の職務を助ける学芸員補等の職員を置くことができます。

　近年では、これらの専門的職員以外に、インタープリター（解説員）やサイエンスコミュニケーター等、専門的な展示内容をわかりやすく伝える人材の養成・活用も期待されています。

④ 博物館に期待される役割

　博物館は、歴史、芸術、民俗、産業、自然科学等に関する資料の収集・保管、調査研究、展示、教育普及活動等を通して、社会に対し様々な学習サービスを提供しており、人々が興味関心やニーズに応じて学習を行っていく上で大きな役割を果たしています。

　特に近年、地域文化や生涯学習・社会教育の中核的拠点としての機能や子どもたちに参加・体験型の学習を提供する機能等を高めていくこと、地域におけるボランティアや社会教育団体の協力を得た地域ぐるみの博物館活動の取組が期待されています（中教審答申「新しい時代を切り拓く生涯学習の振興方策について」（平成20年2月））。今後は、博物館法に定める役割をより充実した形で果たすよう、「社会に開かれた教育課程」の実現に向けて、地域の学校における学習内容に即した展示・教育事業の実施や、教師の授業支援につながるような教材やプログラムの提供等を強化することや、地域住民はもとより、国内・国外の多くの人々が知的好奇心を満たしつつ広く交流することのできる場としての役割を強化することが期待されています。また、各種の講演会、研究会等の開催を通じて、各分野におけるボランティアの養成や、友の会等のネットワークづくりを展開することや、住民

参加のワークショップ等を通じて、博物館の事業やその地域の在り方、社会的課題解決の方法等について共に議論し、博物館の事業の改善や住民の主体的な活動につなげていくことも一層重要であるとされています（中教審答申「人口減少時代の新しい地域づくりに向けた社会教育の振興方策について」（平成30年12月））。

（4）その他の社会教育施設

　これらの他にも下記のように多様な社会教育施設があります。

① 青少年教育施設

　青少年教育施設は青少年を対象に研修事業や体験活動プログラムの提供を行うとともに、青少年団体等の利用に供するために設置される社会教育施設です。体験活動の機会と場を提供する中心的な役割を担っています。職員等の指導による自然体験活動のみならず、集団で食事や入浴をするなどの団体宿泊訓練を通じて協調性を養ったり、規則正しい生活体験の機会を提供したりしています。

　青少年教育施設には、独立行政法人国立青少年教育振興機構が有する国立オリンピック記念青少年総合センター（青少年及び青少年教育指導者の研修、体験の場を提供）、国立青少年交流の家（ボランティアや活動や就労体験等の交流体験を中心とした教育プログラムを提供）、国立青少年自然の家（野外活動や環境学習といった自然体験を中心とした教育プログラムを提供）をはじめ、このほか、全国各地に自治体が設置する少年自然の家、青年の家（宿泊型、非宿泊型）、児童文化センター、野外教育施設等があります。全国には、独立行政法人、都道府県、市区町村、組合の設置による青少年教育施設が891施設あります（2018（平成30）年10月1日現在。文部科学省「平成30年度社会教育統計」）。

　近年、都市化、少子化、電子メディアの普及、地域とのつながりの希薄化、保護者自身の経験の多寡等により、青少年の体験活動の機会に「体験格差」が生じているとの指摘もあります。体験活動は人づくりの"原点"との認識の下、体験活動の機会を意図的・計画的に創出

することが求められており、社会全体として体験活動を推進していくため、地域・学校・家庭・民間団体・民間企業等が連携していくことが必要とされています（中教審答申「今後の青少年の体験活動の推進について」（平成25年1月））。

　今後、青少年教育施設は、次代を担う青少年の健全育成を総合的に推進し、さらには青少年が地域の担い手となることを支援する拠点としての役割を担うことも期待されています。

② 女性教育施設

　女性教育施設は、女性や女性教育指導者を対象に各種の研修・情報提供等を行うとともに、その施設を女性や関係団体等の利用に供するために設置される社会教育施設です。全国には、独立行政法人、都道府県、市区町村、一般及び公益の社団・財団法人の設置による女性教育施設が358施設あります（2018（平成30）年10月1日現在。文部科学省「平成30年度社会教育統計」）。

　女性教育のナショナルセンターである独立行政法人国立女性教育会館では、女性教育指導者及び女性教育関係者に対する研修、女性教育に関する専門的な調査及び研究等を行っています。各地には、「男女共同参画センター」や「女性プラザ」等、社会教育にとどまらず幅広い活動を行っている施設も多くあります。これらの施設では、ドメスティック・バイオレンス（DV）やセクシュアルハラスメントなどへの対策、女性向けのキャリア形成支援やリーダー育成に係る講座、女性に関する各種相談窓口の設置等に取り組んでおり、男女共同参画の推進に大きく貢献しています。

　近年、少子高齢化や生産年齢人口の減少、地域コミュニティの衰退等の社会変化の中で、労働市場や地域社会において、女性の一層の社会参画が期待されており、例えば出産・育児等により離職した女性の就業支援や地域活動への参画を支援するための多様な学習機会の確保や情報提供等が重要となっています。女性の社会参画を支援し、将来の地域づくりへ貢献していく観点からも、今後、女性教育施設には、地域の多様な課題を踏まえながら、教育委員会、首長部局、学校、関

第1章
～PTAと教育
～PTAとは～

第2章
日本における教育
の仕組みと課題

第3章
社会教育とは

第4章　家庭教育支援
とは

係機関・施設等との連携・協働により総合的に取組を進めていくことが期待されています（中教審答申「人口減少時代の新しい地域づくりに向けた社会教育の振興方針について」（平成 30 年 12 月））。

③ 生涯学習センター

　生涯学習センターは、中教審答申「生涯学習の基盤整備について」（平成 2 年）で都道府県に「生涯学習推進センター」を設置することが提言されて整備が進み、現在は、県レベルのみならず、市町村立のセンターも設置され、全国に 478 施設あります（2018（平成 30）年 10 月 1 日現在。文部科学省「平成 30 年度社会教育統計」）。主に県レベルのセンターでは、域内の地域住民の生涯学習を推進するための中心機関として、生涯学習情報の提供や学習相談体制の整備充実、学習ニーズの把握及び学習プログラムの研究・企画、関係機関との連携・協力、生涯学習のための指導者・助言者の養成・研修、生涯学習の成果に対する評価、地域の実情に応じて必要な講座の主催等を行っています。

3　PTA と社会教育施設

　社会教育施設には地域とのネットワーク、PTA には学校や保護者、子どもたちとのネットワークがあります。両者がお互いの強みを活かして連携していくことが期待されます。

4　地域の多様な場における学習活動

　近年の都市化、過疎化、少子高齢化等、社会環境の変化の中で、地域社会のつながりの希薄化、地域教育力の低下など、様々な課題が指摘されています。一方、家庭では核家族化等、多様な家族形態への変化に伴って、祖父母や近隣住民等から子育ての支援を得られる機会が少なくなり、不安を抱える保護者の増加や家庭の孤立等が指摘されています。さらに、学校ではいじめ、不登校や貧困をはじめ、子どもを取り巻く問題が複雑化・困難化しています。これらの課題に対応する

ために、社会全体で子どもを育てていくこと、社会総掛かりで教育に取り組んでいくことが求められています。

　中教審答申「新しい時代の教育や地方創生の実現に向けた学校と地域の連携・協働の在り方と今後の推進方策について」（平成27年12月）では、今後、地域と学校が相互に連携・協働して、地域全体で未来を担う子どもたちの成長を支え、地域を創生する「地域学校協働活動」を推進していく必要があると提言しています。

（1）地域学校協働活動とは

　地域学校協働活動とは、地域の高齢者、成人、学生、保護者、PTA、NPO、民間企業、団体・機関等の幅広い地域住民等の参画を得て、地域全体で子どもたちの学びや成長を支え、学校を核とした地域づくりを目指して、地域と学校が相互に連携・協働して行う様々な活動です。

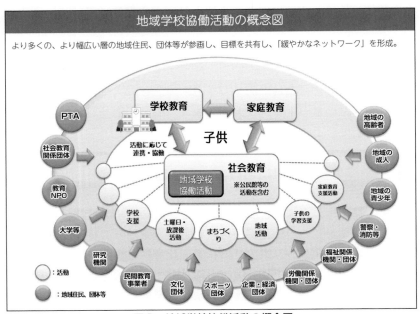

図2　地域学校協働活動の概念図
出典：文部科学省「地域学校協働活動パンフレット」

これまでの地域における学校支援の活動との違いは、地域が学校・子どもたちを「支援」するという一方向の関係のみによる活動ではなく、子どもの成長を軸として、学校と地域がパートナーとして「連携・協働」するという双方向の関係による活動であるという点です。子どもたちも、学校の授業や、放課後・土曜日、夏期休業中等の教育活動等を通じて地域に出向き、地域で学び、地域課題の解決に向けて学校・子どもたちが積極的に貢献するなど、学校と地域の双方向の関係づくりが期待されています。これらを通じて、自立した地域社会の基盤を構築し、活性化が図られ、地域の創生につながっていくことが期待されています。

（2）地域学校協働活動の例

　地域学校協働活動の具体的な取組としては、下記のような推進例が挙げられます。各地域では他地域の取組等も参考にしつつ、地域にあった特色・魅力ある活動を推進していくことが重要です。

多様な活動の推進例
○ 学びによるまちづくり、地域課題解決型学習
○ 地域人材育成・郷土学習
○ 地域の行事、ボランティア活動等への参画
○ 放課後等における学習・体験活動
○ 多様な教育的ニーズへの対応（例：経済的理由や家庭の事情等により学習に困難を抱える子どもたちへの学習支援）
○ 外部人材等を活用した土曜日等における教育支援活動
○ 学校に対する多様な協力活動（例：学校周辺の地域の清掃活動等）

出典：文部科学省『地域学校協働活動の推進に向けたガイドライン（参考の手引）』（平成29年4月）

　現在、各地域では、こうした活動を推進していくために、「地域学校協働本部」の設置や活動のコーディネートを行う人（地域学校協働活動推進員等）の配置を進めています。

（3）社会教育に関する専門的職員・団体等
① 社会教育に関する専門的職員

　社会教育に関する専門的職員の１つに、社会教育主事が挙げられます。社会教育主事は、社会教育法（第９条の２）に基づき都道府県及び市町村の教育委員会事務局に置かれる職員です。教育公務員特例法（第２条第５項）では「専門的教育職員」に位置づけられています。社会教育主事講習修了等の要件を満たして任用資格を有する職員が任命されます。

　社会教育主事の職務は、「社会教育を行う者に専門的技術的な助言と指導を与える」こと、「学校が社会教育関係団体、地域住民その他の関係者の協力を得て教育活動を行う場合」に、学校の「求めに応じて必要な助言を行うことができること」と規定されています（社会教育法第９条の３　第１～２項）。

　社会教育主事の職務は、多様でわかりづらいといわれることが多いのですが、例えば、教育委員会事務局が主催する社会教育事業の企画・立案・実施、管内の社会教育施設が主催する事業に対する指導・助言、社会教育関係団体の活動に対する助言・指導、管内の社会教育行政職員等に対する研修事業の企画・実施等が挙げられます。

　また、多くの社会教育施設には②で見てきたように、公民館主事、司書、学芸員等の専門的職員が配置されています。

（4）その他の指導者、支援者等

　社会教育事業の企画・実施や、社会教育施設の運営などは、専門的職員とともに、多くのボランティアによって支えられています。例えば図書館で読み聞かせやお話し会をしたり、図書の補修を行ったり、博物館で館内の案内や資料の整理を行ったり、青少年教育施設で野外活動の補助をしたり、多様な活動に参加して活躍しています。

　しかし、ボランティアを無償の支援者ととらえるのではなく、様々な社会教育の場はボランティアとして携わる人々にとっても新たな知識や経験を得て学べる場であり、知識、経験、学んだ成果を生かす場

第1章
〜PTAと教育
PTAとは〜

第2章
日本における教育
の仕組みと課題

第3章
社会教育とは

第4章
家庭教育支援
とは

であるという視点が重要と指摘されます。

　また、（2）で触れた地域学校協働本部のように、学校や地域の協力者、行政関係者等、多様な人々が係わって具体的な事業や取組を円滑に進めていく上で、関係者間の連絡調整、ネットワーク構築等を担うコーディネーターの役割を担う人々の存在はますます必要となっています。このような必要性の高まりを背景に、2017（平成29）年に改正された社会教育法では、教育委員会が地域学校協働活動を推進する「地域学校協働活動推進員」が明記されるようになりました（社会教育法第9条の7）。その役割は「地域学校協働活動に関する事項につき、教育委員会の施策に協力して、地域住民等と学校との間の情報の共有を図るとともに、地域学校協働活動を行う地域住民等に対する助言そのほかの援助を行う」（社会教育法第9条の7　第2項）こととされています。

　地域学校協働活動推進員に限らず、各地域では地域コーディネーター等様々な名称、位置づけでこうした役割を担う人が配置されていますが、多くの地域でコーディネーターは事業運営のキーパーソンとなっています。

　近年、コミュニティスクール（学校運営協議会制度）の指定を受け、学校運営に保護者や地域の住民が一定の権限と責任を持って参画できる仕組みを導入する学校も見られています。学校運営協議会の仕組みの中で、地域学校協働活動推進員のような地域と学校の橋渡し役として、両方の声を反映できる立場の方が委員として参画して活躍することも期待されています。

　PTA活動は学校の教職員との接点を多く持つことが一般的ですが、地域には、教育委員会事務局の社会教育主事、多様な教育活動の場である社会教育施設の専門的職員、地域のコーディネーターやボランティアなど、あらゆる専門性やスキル、ネットワーク等を有する人々がたくさんいます。これらの専門的職員や支援に関わる人々と顔が見える関係を築き、PTA活動を充実させることが期待されます。

① 社会教育委員等

　都道府県や市町村には社会教育委員を置くことができるとされています（社会教育法第15条）。社会教育委員は、社会教育行政に広く住民の意見を反映させるために教育委員会から委嘱を受けて配置されます。職務は、社会教育に関する諸計画を立案すること、教育委員会の諮問に応じて意見を述べること、これらの職務に必要な研究調査を行うこと、教育委員会の会議に出席して社会教育に関する意見を述べること等です。社会教育関係団体に対する補助金交付についての審議なども行っています。

　特に、市町村の社会教育委員は、当該市町村の教育委員会から委嘱を受けた青少年教育に関する特定の事項について、社会教育関係団体、社会教育指導者その他関係者に対し、助言と指導を与えることができるとされています。自治体によって、社会教育委員がまとめた提言や答申等がありますのでぜひ目を通してみましょう。

　どのような人が社会教育委員になるかという委嘱の基準、任期等は地方公共団体の条例で定められています。ただし、委嘱の基準は文部科学省令を参酌（「様々な事情、条件等を考慮に入れて参照し、判断すること」）することとされています。省令では、社会教育委員は、「学校教育及び社会教育の関係者、家庭教育の向上に資する活動を行う者並びに学識経験のある者の中から委嘱すること」と示されています。実際に各自治体の社会教育委員はこれらの者から選出されている例が多いです。

　このような住民の意見を社会教育行政に反映する仕組みは、公民館、図書館、博物館にも共通しています。公民館には公民館運営審議会、図書館には図書館協議会、博物館には博物館協議会を置くことができると法律で規定されています（社会教育法第29条、図書館法第14条、博物館法第20条）。これらの審議会や協議会の委員は館長からの諮問に応じて意見を述べることなどを職務としています。

② 社会教育に関する団体

　社会教育に関係する団体には、団体の構成員が学習することを主た

第1章
〜PTAと教育
〜PTAとは〜

第2章
日本における
の仕組みと課題

第3章
社会教育とは

第4章
家庭教育支援
とは

る目的としている団体もあれば、対外的に社会教育事業を行うことを主たる目的としている団体もあります。具体的には、PTA をはじめ、子ども会、青年団、婦人会、スポーツ少年団といった地域社会を基盤とする団体や、ボーイスカウトやガールスカウト、YMCA や YWCA などの民間の青少年教育団体、各種のグループ・サークル、社会教育の振興や資格の付与などを目的とする団体などが代表的な例として挙げられます。

　社会教育法（第 10 条）では、社会教育関係団体は、「法人であると否とを問わず、公の支配に属しない団体で社会教育に関する事業を行うことを主たる目的とするもの」と定義されています。ただし、ある団体が社会教育関係団体であるかどうかを判断するための厳密な規定があるわけではなく、一定の条件を満たす団体の登録制度や認定制度を設ける自治体等もありますが、自治体ごとに多様に運用されています。

　社会教育法では、社会教育関係団体が活動を行う際に社会教育行政としてどのような関係性を保つべきかという点についても規定しています。

　社会教育法では、「国及び地方公共団体は、社会教育関係団体に対し、いかなる方法によっても、不当に統制的支配を及ぼし、又はその事業に干渉を加えてはならない」（第 12 条）と規定しています。

　また、社会教育行政の団体に対する支援の在り方については、「文部科学大臣及び教育委員会は、社会教育関係団体の求めに応じ、これに対し、専門的技術的指導又は助言を与えることができる」（第 11 条第 1 項）としており、あくまで求めに応じて行うものであること、また、「文部科学大臣及び教育委員会は社会教育関係団体の求めに応じ、これに対し、社会教育に関する事業に必要な物資の確保につき援助を行う」（第 11 条第 2 項）と規定しています。支援の具体例には、活動費の補助、教材・備品等の貸出や提供、団体運営に関する指導・助言、指導者研修、活動に関する情報の提供等が挙げられます。

　ただし、国又は地方公共団体が社会教育関係団体に対して補助金を

交付しようとする場合は、あらかじめ国の場合は審議会等、地方公共団体にあっては社会教育委員の会議等の意見を聞いて行わなければならないことが規定されています（社会教育法第13条）。これは財政的な支援が結果的に団体を統制することにつながってしまう危険性に配慮し、団体の自立性が損なわれないよう、一定の条件のもとでのみ補助金の交付が認められています。こうした関係性を support but no control の原則といいます。

コラム：高まる「社会教育士」への期待

　社会教育主事講習等規程の改正（2020年4月1日施行）により、社会教育主事の講習や養成課程の学習成果が社会で認知され、広く社会における教育活動に生かされるように、講習・養成課程の修了者は社会教育士と称することができるようになりました。

　社会教育士には、講習や養成課程の学習成果を活かし、ＮＰＯや企業等の多様な主体と連携・協働して、社会教育施設における活動のみならず、環境や福祉、まちづくり等の社会の多様な分野における学習活動の支援を通じて、人づくりや地域づくりに携わる役割が期待されています。

第1章
〜PTAとは〜
PTAと教育

第2章　日本における教育
の仕組みと課題

第3章
社会教育とは

第4章　家庭教育支援
とは

社会教育等に関する法律

この節の POINT！

● 社会教育に関する主な法律の全体像をおさえましょう。

　社会教育に関する主な法律には、教育基本法、社会教育法、図書館法及び博物館法、生涯学習振興法（生涯学習の振興のための施策の推進体制等の整備に関する法律）等が挙げられます。その内容を見ると、教育基本法で教育の目的や理念、社会教育の方向性といった基本的なことを示し、社会教育法で社会教育に関して国や地方公共団体がすべき任務を挙げ、そして、具体的な社会教育の担い手である社会教育施設が何を行うべきか定められるといった関係が見えてきます。ここでは、主な法律について見ていきましょう。

1　教育基本法

　日本国憲法の理想を具体的に実現するためには教育が重要であるとの認識に立って、新しい日本の教育の目的を示した法律が教育基本法です。2006（平成18）年に全面改正された教育基本法は、前文とともに全4章から構成されています。第1章では教育の目的及び理念が掲げられています。

> **教育基本法**
> （教育の目的）
> 第1条　教育は、人格の完成を目指し、平和で民主的な国家及び社会の形成者として必要な資質を備えた心身ともに健康な国民の育成を期して行われなければならない。

　そして、改正によって、第3条では生涯学習の理念が明示されています。

> **教育基本法**
> （生涯学習の理念）
> 第3条　国民一人一人が、自己の人格を磨き、豊かな人生を送ることができるよう、その生涯にわたって、あらゆる機会に、あらゆる場所において学習することができ、その成果を適切に生かすことのできる社会の実現が図られなければならない。

　また第2章では、義務教育、学校教育、大学、私立学校、教員、家庭教育、幼児期の教育、社会教育、政治教育、宗教教育など、様々な教育をどのように実施するかということを規定しています。

　この他、教育基本法の第3章では教育行政の在り方について、そして第4章では教育基本法に規定されている内容を実施するために、必要な法令を整備しなければならないことを規定しています。

2　社会教育法

　教育基本法では、社会教育は、国及び地方公共団体によって奨励されなければならないと規定しています。これを受けて、社会教育法は、社会教育に関して国や地方公共団体が行うべきことは何かを定めています。

　社会教育法は7章から構成されていて、総則には社会教育法の目的（第1条）、社会教育の定義（第2条）、国及び地方公共団体の任務（第3条）を定めています。

社会教育法

（国及び地方公共団体の任務）

第3条　国及び地方公共団体は、この法律及び他の法令の定めるところにより、社会教育の奨励に必要な施設の設置及び運営、集会の開催、資料の作製、頒布その他の方法により、すべての国民があらゆる機会、あらゆる場所を利用して、自ら実際生活に即する文化的教養を高め得るような環境を醸成するように努めなければならない。

2　国及び地方公共団体は、前項の任務を行うに当たつては、国民の学習に対する多様な需要を踏まえ、これに適切に対応するために必要な学習の機会の提供及びその奨励を行うことにより、生涯学習の振興に寄与することとなるよう努めるものとする。

3　国及び地方公共団体は、第1項の任務を行うに当たつては、社会教育が学校教育及び家庭教育との密接な関連性を有することにかんがみ、学校教育との連携の確保に努め、及び家庭教育の向上に資することとなるよう必要な配慮をするとともに、学校、家庭及び地域住民その他の関係者相互間の連携及び協力の促進に資することとなるよう努めるものとする。

第1章
〜PTAと教育
〜PTAとは〜

第2章　日本における教育
の仕組みと課題

第3章
社会教育とは

第4章　家庭教育支援
とは

　条文は読みづらいですが、大きくは、具体的にどのような方法で社会教育を奨励していくかという方法（例：施設の設置・運営、集会の開催、資料の作成と頒布等）を示していて、対象者はすべての国民、そしてあらゆる機会や場所を利用して、とあるようにとても自由な社会教育の特徴をよく示しています。国民のニーズを踏まえて対応すること、社会教育は学校教育との連携の確保、家庭教育の向上に役立つように必要な配慮をすること、学校、家庭及び地域住民等の連携・協力の促進に役立つようにすることなどが示されています。

　さらに、国の地方公共団体に対する援助（第4条）、社会教育を実際に担っている教育委員会の事務等を定めています（第5条〜第6条）。

　教育委員会が予算の範囲内で行うこととされている事務はとても広範です。例えば、社会教育に必要な援助、社会教育施設の設置及び管理、学校が行う社会教育のための講座の開設及び奨励、各種集会の開催と奨励、家庭教育に関する学習の機会提供、児童生徒に対する放課後や休業日の学習提供や奨励、体験活動の機会提供、社会教育における学習機会を利用して行った学習の成果を活用して学校、社会教育施設等で行う教育活動等の機会提供や奨励等が挙げられています。

　この他、図書館及び博物館は、社会教育のための機関であること、図書館及び博物館に関して必要な事項は、別の法律で定めることを規定しています（第9条）。

　第2章では、社会教育主事・主事補の資格等について、第3章では社会教育関係団体に関して、第4章は社会教育委員について、第5章は公民館について、第6章は学校施設の利用について、第7章は通信教育に関して定めています。

　なお、公民館に関しては、法律以外に「公民館の設置及び運営に関する基準」（告示）が定められています。公民館の健全な発達を図るために文部科学大臣が定めるもので、公民館の事業を実施する上での内容や方法に関わる規定、運営や評価に関する規定等、運営上努めていくことなどが示されています。

3　図書館法と博物館法

　社会教育法の第9条に基づいて、図書館については図書館法、博物館については博物館法という別の法律で規定されています。それぞれの法律では、図書館、博物館の機能や役割、実施すべきこと、配置される職員や研修、評価等について規定しています。

　なお、公民館と同様に、図書館及び博物館には法律以外に、それぞれ「図書館の設置及び運営上の望ましい基準」（告示）、「博物館の設置及び運営上の望ましい基準」（告示）が定められています。いずれも文部科学大臣が定めるもので、事業を実施する上での内容や方法に関わる規定、運営や評価に関する規定等、運営上努めていくことなどが示されています。

第1章
PTAと教育
〜PTAとは〜

第2章
日本における教育
の仕組みと課題

第3章
社会教育とは

第4章　家庭教育支援
とは

第3節　社会教育の現状と課題

● 社会教育の現状、社会教育を取り巻く課題、そして今後求められる役割や重要となる「地域課題解決学習」の考え方等について理解し、今後のPTA活動で取り入れたい視点等を確認しましょう。

1 社会教育の現状と課題

　近年の社会教育の状況を概観すると、社会教育施設に関しては、2018（平成30）年10月現在、全国には公民館が14,281施設（類似施設を含む）、図書館が3,360施設、博物館が5,738施設設置されています。2005（平成17）年10月時点と比較して、図書館は2,979施設から大幅に増加、博物館は5,614施設から微増、公民館は17,143施設から大幅な減少となっています。施設利用者数では、図書館、博物館は増加している一方、公民館は減少傾向が見られています。また、専門的職員の数は、2018（平成30）年10月現在、社会教育主事が1,681人、司書が20,130人、学芸員が8,403人となっていますが、2005（平

第1章
〜PTAと教育
〜PTAとは〜

第2章
日本における教育
の仕組みと課題

第3章
社会教育とは

第4章
家庭教育支援
とは

成17）年と比較して司書は 12,781 人から約 1.5 倍に増加、学芸員も 6,224 人から約 1.3 倍に増える一方、社会教育主事に関しては 4,119 人から半減しています。

　これらから、図書館や博物館などの社会教育施設については、発展が見られる一方、公民館や社会教育主事の減少傾向に関しては、社会教育の振興を図る上で憂慮される状況にあります。この背景には、少子高齢化と人口減少の進展、市町村合併、地方行財政改革など様々な要因があると指摘されています（学びを通じた地域づくりに関する調査協力者会議「人々の暮らしと社会の発展に貢献する持続可能な社会教育システムの構築に向けて　論点の整理」）。

　文部科学省が設置した「学びを通じた地域づくりに関する調査研究協力者会議」は、今、社会教育を取り巻く環境の変化と課題として、(1)少子高齢化と人口減少、人口の東京一極集中、(2) グローバル化の進展と在留外国人・訪日外国人の増加、(3) 地域コミュニティの衰退とつながりの希薄化、(4) 貧困と格差、一億総中流社会の変容、(5) 技術革新と第4次産業革命の進展、(6) 社会教育の提供主体の多様化(7)地方分権改革と市町村合併、厳しい財政状況の7点を挙げています。

　そして、これらの環境の変化と課題を踏まえて、これからの社会教育には3つの役割と2つの方向性を実現することにより、人々の社会参加とよりよい社会づくりを促し、人々の暮らしの基盤としての役割を果たしていくことが期待されるとしています。

　具体的には、3つの役割として以下の点を挙げています。

（1）地域コミュニティの維持・活性化への貢献

　人口減少と人口構造の変化、地域コミュニティの衰退を受けて、今後、社会教育には、身近な地域において次世代の地域の担い手である子どもや若者も交えた多世代交流を通じた地域の絆づくり、学びの成果を活かした地域づくりを通じて、地域コミュニティの維持や再構築に貢献するとともに、公民館、図書館、博物館など社会教育施設においては、施設の特性に応じて、交流人口拡大と地域活性化に寄与すること。

（2）社会的包摂への寄与

　人口構造の変化に伴う高齢者の増加、貧困と格差に起因する困難を抱える人々の存在、グローバル化に伴う在留外国人の増加等を受けて、今後の社会教育には、高齢者、障害者、外国人、困難を抱える人々など、すべての住民が孤立することなく、地域社会の構成員として社会参加できるよう社会的包摂に寄与すること。

（3）社会の変化に対応した学習機会の提供

　グローバル化や技術革新の進展により社会経済の構造が変化し、社会で求められる能力も変化していくことが見込まれており、今後の社会教育においては、社会の変化に対応した学習機会を提供していくことが求められること。また、平均寿命の伸長により、人生100年時代を前提とした人生設計を行う必要性が生じている中、人々に多様な学び直しの機会を提供していくこと。

　さらには、今後の社会教育に期待される2つの方向性として、①官民パートナーシップによる社会教育の推進、②持続可能な社会教育システムの構築を提案しています。

　社会教育を取り巻く環境変化を受け、今後の社会教育においては地域コミュニティの維持・活性化に貢献していくことが大きな役割となります。とりわけ、地域住民が地域コミュニティの将来像や在り方を共有し、その実現のために解決すべき地域課題とその対応について学習し、その成果を地域づくりの実践につなげる「地域課題解決学習」の推進を図り、住民の主体的参画による持続可能な地域づくりに貢献することが求められています。

2　新たな社会教育の方向性

　社会教育は、個人の成長と地域社会の発展の双方に重要な意義と役割を持つものであり、その要となるのが、学びの場を通じた住民相互のつながりとされます。人口減少や、コミュニティの衰退を受けて、

第1章
〜PTAと教育
〜PTAとは〜

第2章 日本における教育
の仕組みと課題

第3章 社会教育とは

第4章 家庭教育支援
とは

　住民参画による地域づくりがこれまで以上に求められる中、社会教育を基盤とした人づくり・つながりづくり・地域づくりの重要性は地方行政全体を通じてますます大きくなっています。住民が生き生きとした生活を送るとともに、各地域の住民の創意工夫に基づく地域づくりを進めることは、若者や地域外の人々にとっても、その地域に住みたいという魅力につながります。こうした時代の要請の高まりの中で、社会教育は社会に対してより開かれたものとして、また、住民相互のつながりを提供する場として、新たな展開を図ることが求められています。行政としては、そのための環境の整備にこれまで以上に取り組む必要があると指摘されています。

　今後、地域において社会教育がその意義を踏まえた本質的な役割を果たすためには、現状を見据え、次のような三つの観点を中心に、社会教育の在り方を、より幅広い住民を対象に、より多くの主体との連携・協働により営まれるものへと大きく進化させる必要があるとされています。

○**住民の主体的な参加のためのきっかけづくり**

　若者や現役世代、外国人など、一般的に地域における社会教育への参加が少ない層を含め、今後、より多くの住民の主体的な参加を得られるような方策を工夫し強化していくことが重要。

○**ネットワーク型行政の実質化**

　一般に、社会教育行政担当部局のみで完結しがちな「社会教育」の壁を打ち破り、多様な主体との連携・協働を実現することが重要。

○**地域の学びと活動を活性化する人材の活躍**

　学びや活動と参加者をつなぎ、地域の学びと活動を活性化する専門性ある人材にスポットライトを当て、その活躍を後押しすることが重要。

（中教審答申「人口減少時代の新しい地域づくりに向けた社会教育の振興方策について」（平成30年12月））

　次世代を担う子どもたちにとって、PTA が学校と保護者、地域住民が連携して展開する様々な活動は、貴重な地域課題解決学習の場、地域貢献の場として今後ますます重要となっていくでしょう。

＜参考文献＞

糸賀雅児・薬袋秀樹編（2014）『図書館制度・経営論』樹村房，pp.21-34

香川正弘・鈴木眞理・佐々木英和（2008）『よくわかる生涯学習』ミネルヴァ書房，pp.150-151, pp.158-161

国立教育政策研究所社会教育実践研究センター『二訂 生涯学習概論ハンドブック』pp.117-122, pp.148-159

国立青少年教育振興機構「地域における青少年教育施設の在り方等に関する調査研究」報告書

中央教育審議会答申「新しい時代を切り拓く生涯学習の振興方策について～知の循環型社会の構築を目指して～」（平成 20 年 2 月）

中央教育審議会答申「今後の青少年の体験活動の推進について」（平成 25 年 1 月）

中央教育審議会答申「人口減少時代の新しい地域づくりに向けた社会教育の振興方策について」（平成 30 年 12 月）

中央教育審議会生涯学習分科会「公立社会教育施設の所管の在り方等に関する生涯学習分科会における審議のまとめ」（平成 30 年 7 月）

文化庁 HP「学芸員について」
　https://www.bunka.go.jp/seisaku/bijutsukan_nakubutsukan/shinko/about（令和 3 年 4 月 25 日参照）

学びを通じた地域づくりに関する調査研究協力者会議「人々の暮らしと社会の発展に貢献する持続可能な社会教育システムの構築に向けて」（平成 29 年 3 月）

文部科学省パンフレット「公民館」

文部科学省「平成 30 年度社会教育統計」

文科省 HP「司書について」
　http://www.mext.go.jp/a_menu/shougai/gakugei/shisyo/index.htm（令和 3 年 4 月 25 日参照）

文部科学省 HP「社会教育主事・社会教育主事補について」
　http://www.mext.go.jp/a_menu/shougai/gakugei/syuji/index.htm（令和 3 年 4 月 25 日参照）

第4章

家庭教育支援とは

家庭教育支援とは何か

家庭教育は、「すべての教育の出発点」

> この節では「家庭教育」「家庭教育支援」といっ
> たことの基礎的な情報をまとめました。

この節の POINT！

● 「家庭教育」や「家庭教育支援」など、この節で触れるキーワー
　ドについて、その定義などを確認しましょう。

● 「家庭教育支援」の取組にはどのようなものがあるか、特に
　PTA 活動に役立てられるよう整理、確認しましょう。

　家庭教育は、すべての教育の出発点であり、家庭の教育の基盤をしっ
かり築くことが、あらゆる教育の基盤として重要です。

　しかしながら一言で「家庭教育」と言っても、当然ながら個々の「家
庭」には様々な違いがあります。PTA 活動は、身近な家庭の違いを
比較したり、検証したりするものではありません。では、教育や学習
の営みの一つである「家庭教育」とは、どういったものなのでしょう
か？　また、PTA 活動においては、どのように取り組めばよいので
しょうか？

　この章では、「家庭教育」「家庭教育支援」に関する基礎的なことに
ついて学びます。

　その際、まずは「生涯学習」という大きな概念を意識し、大きな視

点から、その中の様々な学習活動の一つとして「家庭教育」を捉えましょう（図1）。

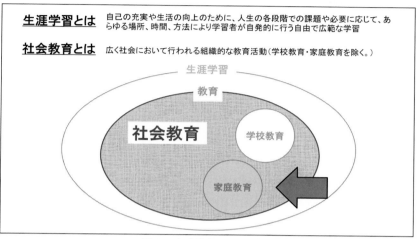

生涯学習とは 自己の充実や生活の向上のために、人生の各段階での課題や必要に応じて、あらゆる場所、時間、方法により学習者が自発的に行う自由で広範な学習

社会教育とは 広く社会において行われる組織的な教育活動（学校教育・家庭教育を除く。）

生涯学習

教育

社会教育　　学校教育

家庭教育

図1　家庭教育の位置づけ

また、個々の家庭には違いがあること、みんな違ってみんないい、ということを前提に、しかしながら、孤立した営みだけで終わるのではなく、それぞれのPTAの現状に応じて、「家庭教育」「家庭教育支援」という行政用語について共通理解を深めたり、関連の取組情報を共有したりするなどして、会員同士支え合う活動を展開していきましょう。

1 家庭教育と家庭教育支援の定義

日本の教育政策における様々な取組に、「家庭教育支援」があります。「家庭教育」とは、一般的に、家庭において父母その他の保護者が子どもに対して行う教育のことをいいます。教育基本法では「父母その他の保護者は、子の教育について第一義的責任を有するもの」とされています。

「家庭教育支援」とは、こうした家庭教育を支援することをいいます。

教育基本法では「国及び地方公共団体は、（略）家庭教育を支援するために必要な施策を講ずるよう努めなければならない」とされています。

このような「家庭教育」や「家庭教育支援」の定義を踏まえると、「生涯学習」という大きな概念の中で、社会教育活動とされているPTA活動において、何らかの家庭教育に関する取組を行う時には、個々の家庭における家庭教育について一つ一つ取り上げるのではなく、まずは国及び地方公共団体が講じている様々な施策を確認することが大切であるということがわかります。

また、定義の中でも、家庭教育とは、本来、保護者の自主的な判断に基づいて行われるべきもの、とされており、様々な法令や行政施策において「支援」とされているのは、国や地方公共団体等が各家庭における具体的な教育の内容に立ち入ることのないよう、その自主性に配慮されているため、とされています。

PTA活動における具体的な取組には、副次的なものも含めて様々な狙いや期待する成果などがありますが、取組の企画段階などにおいて家庭教育支援を狙いとする場合は、公的機関などが講じている施策を踏まえるとともに、こうした自主性への配慮も意識しながら準備することが大事です。

2　家庭教育を支援する場、活動と人

これまでのところで学んだとおり、「社会教育」「家庭教育」は、それぞれの状況に応じて、それぞれが考え、話し合い、PTA活動など様々な活動を通して仲間と共に教え合い、学び合うものです。

その際、PTA会員同士のみで活動することもできますが、行政やNPOなど民間団体による「家庭教育支援」の情報提供、講座の実施など、ここで紹介する様々な場、活動、人材との協働による活動とすることで、より充実したものにすることができます。

日本の教育政策においては、様々な家庭教育を支援する場、活動な

第1章
〜PTAと教育
〜PTAとは〜

第2章
日本における教育
の仕組みと課題

第3章
社会教育とは

第4章
家庭教育支援
とは

どが用意されています。また、教育政策に限らず、「子育て支援」の観点から見渡すと、福祉政策においても、また様々な民間企業・団体等の取組においても、様々な支援の場、活動があり、人材がいます。

　ここでは、PTA活動の中で家庭教育支援の取組を行う際、その企画、準備に役立つよう、その特徴に合わせて大きく3分類（講座提供型、イベント参加型、企画調整型）により紹介します。

（1）講座提供型

　団体・グループ等で行う家庭教育支援の取組における「講座提供型」とは、いわゆる「〇〇市家庭教育学級」といった、放課後の学校や公民館、商業施設内のイベントスペースなどを会場にして行われる、有識者講師の講演などを聴くタイプの取組です。主催・募集しているのは、自治体の教育委員会事務局における家庭教育支援担当課や、そこから委託を受けたNPOなどであることが多くなっています。

　講座の内容としては、自治体の教育系部局が主催の場合は、行っている家庭教育支援施策の紹介や、子どもの基本的生活習慣の形成、家族の人間関係、保護者の態度・役割、学校教育や地域で行われている教育活動との連携など、幅広く取り扱われています。特に、子どもの心理的・身体的発達や、子どもの貧困対策、児童虐待等の課題への対応などについて扱われる場合、「子育て支援」施策として、主催が自治体の福祉部局や、そこから委託された民間団体などであることが多くなっています。

　こうした「講座提供型」の取組について、PTA活動の中で実施することも考えられますが、その場合、講座を主催する自治体の担当部局や団体と、準備の段階から共に内容について企画するなど、PTA活動におけるリーダー等の企画調整の役割が大切になってきます。学校や地域の実情を踏まえつつ、PTAを組織する仲間の意見、要望を踏まえ、また、自治体等の講座担当者から対応可能な範囲等を確認しつつ、PTAが置かれた状況に応じて講座の内容を決めていくことが大切です。

（2）イベント参加型

　また、別の分類として「イベント参加型」の取組もあります。個人として、最新の知識やノウハウを得ることが目的であることの多い「講座提供型」と比較すると、「イベント参加型」は、「家庭教育支援」をテーマとしながら、集団で協力して何か実践的な体験活動等を行う取組が多く、家族の絆を深めたり、PTAの結束を強めたり、といったことなどが目的であり、イベントの名前や開催趣旨等に、直接「家庭教育支援」と称していない場合もあります。

　「家庭教育」や「家庭教育支援」について学ぶ、といっても、学術的な知見を得たり、行政の施策に関する知識を得て、その制度を活用したりする、といったことだけでなく、家庭での教育について相談、雑談できる「仲間を増やす」、ということも、家庭教育について学ぶたくさんの糸口の一つです。講座では、その場、その瞬間に得られる知識、情報などがありますが、イベント参加では、そうしたことよりも、まずは共に考える仲間づくりから始め、イベント終了後も継続的に家庭教育について多くの人が共に学ぶことのできる環境を作る、ということに重きを置いている場合があります。

　こうした「イベント参加型」の取組について、PTA活動の中で実施することも考えられますが、この場合も講座の企画調整同様、リーダー等の役割が大切になると同時に、いかに多くの関係者で「楽しく」企画・実施できるか、ということも大切になります。学校や地域の実情を踏まえることも講座の企画調整と同じですが、講座と比較すると、イベント参加型は、様々なテーマを扱うことが可能です。例えば、「家族で地域防災について学ぶ」や「ファミリーで学ぶ早寝早起き朝ごはん」など、一見、防災や基本的生活習慣など別の重要なテーマが主に思えるものでも、家族で協力して答えるクイズ形式にしたり、普段の家庭での様子を振り返って発表する形式にしたり、プロセス次第で、家庭教育の大切さについて学ぶことができる内容にすることも可能です。

　また、「イベント参加型」の場合、多くの参加者を得るには、開催のタイミングや頻度に配慮することも大切です。関係者と企画調整して、学校行事や地域のお祭りなど、別のイベントと合同で実施すると

第1章
〜PTAとは〜
PTAと教育

第2章　日本における教育
の仕組みと課題

第3章
社会教育とは

第4章　家庭教育支援
とは

いった工夫をすることで参加者を多く得られることも考えられます。

（3）企画調整型

　もう1つ「企画調整型」という分類をしましたが、「講座提供型」「イベント型」のどちらも上手な「企画調整」を行うことが重要です。実は、その企画調整のための活動自体が、関わる方々にとって自らの「学び」となる場合があります。

　「講座提供型」も「イベント型」も、視点としては「参加者側」から見た学びの機会の分類ですが、「企画調整型」は、そうした学びの機会を「提供する側」から見た分類です。

　提供する側は、参加者の視点を想像し、どのような内容であれば楽しく、役に立つ取組になるか、情報を集め、編集し、伝わりやすく表現するか、といったことについて仲間と共に考え、様々な工夫をして実行していくことになります。これこそが「学びの活動」となります。

　「企画調整型」の学びについては、文部科学省や自治体が推進する「家庭教育支援チーム」による支援方策が参考になります。PTA活動における家庭教育支援の取組について、こうしたところに相談したり、協働で取組を企画したり、といったことで、活動が充実することが考えられます（図2）。

家庭と地域・学校をつなぐ
家庭教育支援チーム

― 家庭教育は、すべての教育の出発点 ―

忙しい毎日の中で、子供とのコミュニケーションやしつけに戸惑いや息詰まりなど、一人で悩んだりすることってありませんか？そんな時、近くに気軽に相談できる人がいたら…

家庭教育支援チームは、そんなご家庭での皆さんの頑張りを共に支え、地域とのつながりづくりや専門機関との橋渡しをお手伝いします。

文部科学省は、各地で活動する家庭教育支援チームを応援しています。

家庭教育支援チームってなぁに？

▶▶身近な地域で、子育てや家庭教育に関する相談に乗ったり、親子で参加する様々な取組や講座などの学習機会、地域の情報などを提供したりします。ときには、学校や地域、教育委員会などの行政機関や福祉関係機関と連携しながら、子育てや家庭教育をサポートします。

どんな人たちがいるの？

▶▶チーム員の構成は、各地域によって異なりますが、子育て経験者や教員 OB、PTA など地域の子育てサポーターリーダーをはじめ、民生委員、児童委員、保健師や臨床心理士など、様々な地域の人達や専門家が関わっています。そして、その多くが、共に街で暮らす身近な住民の方々です。

どんなところで活動しているの？

▶▶子供や保護者の方にとって、身近に気軽に相談できる存在となるよう、地域の学校や公民館などを拠点に活動しています。また、幼稚園や保育所、子育て支援センター、保健センター、児童館、小・中学校、企業などからの要望に応じて出向くなど、様々な所とも連携し、支援活動に取り組んでいます。要望があれば、各家庭へ訪問して相談に乗ることも行っています。

あなたの街の家庭教育支援チームに聞いてみよう！

チーム名：

連絡先：

担　当：

文部科学省　MINISTRY OF EDUCATION, CULTURE, SPORTS, SCIENCE AND TECHNOLOGY-JAPAN

図2　「家庭と地域・学校をつなぐ家庭教育支援チーム」リーフレット

（文部科学省 HP より https://www.mext.go.jp/a_menu/shougai/katei/__icsFiles/afieldfile/2014/01/09/1292713_3_1.pdf）

家庭教育支援における法制度等

家庭教育は、「すべての教育の出発点」

> この節では、家庭教育支援における代表的な法制度等についてまとめました。

この節のPOINT！

● 「家庭教育」やその支援が必要と定めた法律などについて確認しましょう。活動の企画、準備の段階において、活動内容を豊かにするために大いに参考になります。

● PTA活動における家庭教育支援の講座等でその内容についてみんなで理解を深めましょう。

　日本の教育政策において、「家庭教育支援」については、教育基本法をはじめ、その取組の根拠となる様々な法律があり、また、それらの法律に基づいた制度（具体的な実施のための方針をまとめたものや計画、行政機関からの通知など）があります。

　実際のPTA活動の中で、法制度等に関して直接に取り扱う場面は多くはありませんが、活動の企画、準備の段階において、こうした知識があると、活動内容を豊かにするための情報提供や運営支援等を受けることができる大きな参考となります。

　以降に紹介する法制度等は、国や地方公共団体が、家庭教育の振興に努めることを定めているものであり、公的機関や関連団体に問合せや相談等行いながら、それらの支援を多いに活用したいところです。

第1章
〜PTAと教育
〜PTAとは〜

第2章 日本における教育
の仕組みと課題

第3章 社会教育とは

第4章 家庭教育支援
とは

　また、これまで紹介した「講座提供型」などのスタイルで行われる家庭教育支援の活動において取り扱うことで学びの効果が高まるような法律を優先して紹介しますので、家庭教育支援に関するPTA活動の際の参考としてください。

　公的機関等の支援を受けつつ、PTA関係者としても、こうした法制度等に触れることは、それぞれが行う家庭教育支援に関する活動の、目標の再確認や、目標達成までの取組、手段について、講座型が効果的か、イベント型が良いか、といったことなどを計る目安となり、そのPTA活動がどこに行こうとしているのか、いわゆる「地図」のような存在として役立てることが可能になります。

　なお、紹介する法制度等の中には、まず国レベルで総論的な方向性を示し、それを参考に地方自治体レベルで地域の実情に応じた各論的な施策整理をするもの、さらにそれらを参考に学校レベルでも計画等を定めることを勧めているものがあります。皆さんの地域ではいかがでしょう？　義務教育ではない社会教育の取組や、PTA活動において、一定の共通目標、共通理解ルールなどを関係者で一緒に考え、掲げることは、活動の理解者を増やし、活動を豊かにすること、翻って個々の学びにつながります。そうした目標設定等にも、紹介する法制度等や、その理念に触れることは大いに役立ちます。

1 教育基本法（平成18年法律第120号）

　PTA活動において家庭教育支援の講座等を行う場合、最も基本となる法律です。

> （家庭教育）
> 第10条　父母その他の保護者は、子の教育について第一義的責任を有するものであって、生活のために必要な習慣を身に付けさせるとともに、自立心を育成し、心身の調和のとれた発達を図るよう努めるものとする。

> 2　国及び地方公共団体は、家庭教育の自主性を尊重しつつ、保護者に対する学習の機会及び情報の提供その他の家庭教育を支援するために必要な施策を講ずるよう努めなければならない。

　また、家庭教育と親和性の高い「幼児期の教育」についても、教育基本法に条文があります。ここでは特に「生涯にわたる人格形成の基礎を培う重要なもの」という表現があるとおり、その後に続く小学校、中学校等の学校教育や高等教育、家庭で行われる教育や社会教育も含めて、発達段階や場の違いはあるものの、「学び」が地続きのものであるという考え方が現れています。家庭教育は家庭においてのみ、という限定的なものではなく、学校教育、社会教育とのつながりを意識しながら行っていくことが大切です。

> （幼児期の教育）
> 第11条　幼児期の教育は、生涯にわたる人格形成の基礎を培う重要なものであることにかんがみ、国及び地方公共団体は、幼児の健やかな成長に資する良好な環境の整備その他適当な方法によって、その振興に努めなければならない。

　さらに、発達段階や場の違いだけでなく、「学び」に関わる主体についてもそれぞれのつながりを意識することが重要であることがわかる条文として、「学校、家庭、及び地域住民等の相互の連携協力」に関する条文があります。本書においても、学校教育、社会教育、家庭教育に関する章で構成されていますが、これらに関わる主体が連携協力しながら、地域の実情に応じた「学び」を展開していくことが重要です。

> （学校、家庭及び地域住民等の相互の連携協力）
> 第13条　学校、家庭及び地域住民その他の関係者は、教育におけるそれぞれの役割と責任を自覚するとともに、相互の連携及び協力に努めるものとする。

　加えて、教育基本法では、こうした法令の内容を着実に実践していくためのプロセスについても規定されており、それが「教育振興基本計画」に関する条文です。法令により、ルールや進むべき方向性を決めるだけでなく、どのように実現していくか計画を立て、その計画に基づいて教育行政を進めていくことが定められています。もちろん、家庭教育支援に関する実践プロセスもこの計画の中に盛り込まれています。

（教育振興基本計画）

第 17 条　政府は、教育の振興に関する施策の総合的かつ計画的な推進を図るため、教育の振興に関する施策についての基本的な方針及び講ずべき施策その他必要な事項について、基本的な計画を定め、これを国会に報告するとともに、公表しなければならない。

2　地方公共団体は、前項の計画を参酌し、その地域の実情に応じ、当該地方公共団体における教育の振興のための施策に関する基本的な計画を定めるよう努めなければならない。

　家庭教育支援に関する講座等において、教育基本法に触れることはその名前のとおり基本的なことであり、大切なことです。具体的な実践内容は、地域によって異なりますが、行政におけるすべての家庭教育支援の基本はこの法令にあり、PTA 活動における家庭教育支援の取組の際には、初期の段階で参考にしておくことが必要です。

　また、この教育基本法は、1947（昭和 22）年に制定されてから約60 年近く改正されることなく教育の基本法令として存在していましたが、2006（平成 18）年に制定後初の改正が成されています。この改正前の 2000（平成 12）年に設置された「教育改革国民会議」の報告では、家庭教育についても触れられており、改正後の第 10 条（家庭教育）、第 13 条（学校、家庭及び地域住民等の相互の連携協力）へとつながっていく初期の考え方がわかります。完成後の法令だけでなく、こうした参考資料に触れることも、家庭教育支援の講座等を行う

際、教育行政における家庭教育や家庭教育支援の目指す方向についての理解の助けとなるでしょう。

2　教育振興基本計画

　次に、教育基本法の紹介の中で触れた「教育振興基本計画」について、家庭教育に関する全体像は巻末に掲載しますが、特に具体的に書かれた目標等の部分について触れておきます。この部分に書かれていることが教育行政において具体的に取り組んでいくこと、つまり、行政による何らかの支援がある部分、ということになります。この内容を踏まえて、教育委員会の担当部局等に、家庭教育支援の講座等実施の際のテーマなど相談すると、その地域で行われている支援施策や、講師の紹介などが受けられることでしょう。

第 3 期　教育振興基本計画（平成 30 年 6 月 15 日閣議決定）
第 2 部　今後 5 年間の教育政策の目標と施策群
目標（2）：豊かな心の育成
〇子供たちの自己肯定感・自己有用感の育成
・乳幼児期からの自己肯定感・自己有用感の育成に向けた家庭教育支援に取り組むとともに、子供たちが達成感や成功体験を得たり、課題に立ち向かう姿勢を身に付けたりすることができるよう、様々な体験活動の充実を図る。
目標（3）：健やかな体の育成
〇子供の基本的な生活習慣の確立に向けた支援
・家庭の教育力の向上に向けた取組を進めるとともに、社会全体で子供たちの生活リズムの向上を図るため、子供が情報機器に接する機会の拡大による生活時間の変化等の状況等も踏まえつつ、学校における指導や「早寝早起き朝ごはん」国民運動の継続的な推進等を通じ、子供の基本的な生活習慣の確立や生活リズムの向上につながる活動を展開する。
目標（6）：家庭・地域の教育力の向上、学校との連携・協働の推進

第1章
〜PTAとは〜
PTAと教育

第2章
日本における教育
の仕組みと課題

第3章
社会教育とは

第4章
家庭教育支援
とは

○家庭の教育力の向上

・関係府省が連携し、妊娠期から学齢期以降までの切れ目のない支援の実現に向けて、地域における子育て支援と家庭教育支援の連携体制を構築し、教育委員会と他の部局の間、関係機関・関係者の間で、支援が必要な子供や家庭に関する情報の共有化や協働の促進を図る。

・家庭教育支援員となる人材の育成や、訪問型家庭教育支援の充実を図るとともに、必要となる個人情報の円滑かつ適切な共有に係る好事例の収集や周知を行うなど、様々な課題を抱えながらも地域から孤立し、自ら相談の場にアクセスすることが困難な家庭やその親子に対する支援を強化する。

3　特定の課題に対応した法律

　家庭教育支援における法制度等の中には、特定の課題に対応したものもあります。新しい生活機器の登場や、経済的な格差の拡大、固定化といった社会の変化に応じて、家庭で行われる教育において配慮すべきことなどが法律等に盛り込まれています。

　以下にご紹介する法律については、生活に身近な事柄を取り扱ったものであり、家庭教育支援の講座等を企画する際にこのような法律があることを踏まえて企画すると、受講者にとって、また企画者側にとっても意義のある家庭教育についての学びとなることでしょう。

（1）インターネットの利用に関する法律

　最初は、インターネットの利用に関する法律です。この中にも家庭教育に関する記述があります。特に、子どもにとっての有害情報対策について、保護者の責務や留意すべきことが条文となっています。

　この法律を基に講じられている様々な対策を踏まえ、それぞれの家庭での親子でのルールづくりなどに生かすことができます。

青少年が安全に安心してインターネットを利用できる環境の整備等に関する法律（平成 20 年法律第 79 号）（抜粋）

（インターネットの適切な利用に関する教育の推進等）

第9条　国及び地方公共団体は、青少年がインターネットを適切に活用する能力を習得することができるよう、学校教育、社会教育及び家庭教育におけるインターネットの適切な利用に関する教育の推進に必要な施策を講ずるものとする。

（保護者の責務）

第6条　保護者は、インターネットにおいて青少年有害情報が多く流通していることを認識し、自らの教育方針及び青少年の発達段階に応じ、その保護する青少年について、インターネットの利用の状況を適切に把握するとともに、青少年有害情報フィルタリングソフトウェアの利用その他の方法によりインターネットの利用を適切に管理し、及びその青少年のインターネットを適切に活用する能力の習得の促進に努めるものとする。

2　保護者は、携帯電話端末等からのインターネットの利用が不適切に行われた場合には、青少年の売春、犯罪の被害、いじめ等様々な問題が生じることに特に留意するものとする。

（2）子どもの貧困対策のための法律

　また、子どもの貧困対策のための法律にも、そのための家庭教育支援につながる仕組みが整えられており、法律の中で、別に「大綱」を策定すること、その大綱の中で具体的な支援について定めることとされています。大綱においては、前述した「家庭教育支援チーム」による家庭教育支援についても記載されています。

　講座提供型の学びだけでなく、企画調整型の学びとして、家庭教育支援チームがどのような活動をするとよいのか、こうした法律に触れることで目標が立てやすくなります。

　特に、法律第2条において、「…対策は、…子どもの将来が生まれ育った環境によって左右されることのない社会を実現することを旨として講ずる…」とあるように、それぞれの家庭における子育て、家庭教育は

第1章
〜PTAとは〜
PTAと教育

第2章　日本における教育
の仕組みと課題

第3章
社会教育とは

第4章　家庭教育支援
とは

もちろんのこと、それを支援する方策について、この法律の趣旨を踏まえ、地域の実情に応じて考えていくことが重要です。

　また、大綱の中では、具体的な支援策として、「学校をプラットフォームとした…」や「学校を窓口とした…」という記述がありますが、PTA活動こそ保護者と学校をつなぐ有効な活動の一つであることからも、学校任せにすることなく、様々な支援を行うことができるよう家庭、地域と学校が連携して取り組むことが重要です。<u>こうしたことを家庭教育支援の講座等でテーマとして扱うことで、行政による支援と実際の家庭、地域、学校の要望等の有効なマッチングが進む</u>ことが考えられます。

子どもの貧困対策の推進に関する法律（平成25年法律第64号）（抜粋）

（基本理念）

第2条　子どもの貧困対策は、子ども等に対する教育の支援、生活の支援、就労の支援、経済的支援等の施策を、子どもの将来がその生まれ育った環境によって左右されることのない社会を実現することを旨として講ずることにより、推進されなければならない。

（子どもの貧困対策に関する大綱）

第8条　政府は、子どもの貧困対策を総合的に推進するため、子どもの貧困対策に関する大綱（以下「大綱」という。）を定めなければならない。

2　大綱は、次に掲げる事項について定めるものとする。

　三　教育の支援、生活の支援、保護者に対する就労の支援、経済的支援その他の子どもの貧困対策に関する事項

> **子供の貧困対策に関する大綱（平成 26 年 8 月 29 日閣議決定）**
> **（抜粋）**
> 第4　指標の改善に向けた当面の重点施策
> 1　教育の支援
> （1）「学校」をプラットフォームとした総合的な子供の貧困対策
> 　　の展開
> （学校を窓口とした福祉関連機関等との連携）
> 　一人一人、それぞれの家庭に寄り添った伴走型の支援体制を構
> 築するため、スクールソーシャルワーカー等と連携し、家庭教育
> 支援チーム等による相談対応や訪問型家庭教育支援等の取組を推
> 進し、保護者に対する家庭教育支援を充実する。
> （2）貧困の連鎖を防ぐための幼児教育の無償化の推進及び幼児
> 　　教育の質の向上
> 　就学前の子供を持つ保護者に対する家庭教育支援を充実するた
> め、家庭教育支援チーム等による学習機会の提供や情報提供、相
> 談対応、地域の居場所づくり、訪問型家庭教育支援等の取組を推
> 進する。

（3）いじめ防止のための法律

　家庭教育における法律のうち、本書において最後の紹介となるのは「いじめ防止対策推進法」です。

　いじめ問題については、報道などで悲しい事件が絶えることがなく、特定の課題の中でも残念ながら身近な課題であり、また、何とかならないものかと不安になるものです。

　2013（平成25）年にいじめ防止対策推進法が制定されましたが、残念なことに、こうした法律があることについてあまり多く認知されていない状況があります。「防止」と法律名に入っているとおり、何とか防いでこれ以上悲しい事件等を起こさない、起こさせないための法律ですが、家庭教育支援の講座等で取り上げ、参加者同士でこうした法律の趣旨や、法律を基に講じられている対策について学び、実践していくことが重要です。

　いじめは、学校や家庭、地域、個人、特定の部分のみがその原因や

第 1 章
〜PTAと教育
PTAとは〜

第 2 章
日本における教育
の仕組みと課題

第 3 章
社会教育とは

第 4 章
家庭教育支援
とは

結果を作っているのではなく、度合いは違うもののそれぞれが関係して起こっています。特定の部分だけの努力では「防止」することは困難です。学校、家庭、地域それぞれが協働して学んでいくことは、すでに紹介したとおり教育基本法をはじめ様々な法律に登場する大切な要素です。

　以下、いじめ防止対策推進法の一部を紹介しますが、特に保護者の責務等について知るとともに、学校や地域の役割、それぞれの関係などについても家庭教育について学ぶ方々で熟議していくこと、子どもの命を守ることを第一に考えていくことが大事です。

　特にこの法律の中で、「いじめ防止基本方針」を定めることが法定されています。順に、国が大きな方針を定め、その国の方針を参酌して地方自治体が「地方いじめ防止基本方針」を定め、最後にはひとつひとつの学校単位で「学校いじめ防止基本方針」を定めることとされています。

　そして、国の大きな方針の具体的な中身として、地方自治体や各学校でこうした方針を定める際のプロセスとして PTA を含めた地域団体関係者と学校関係者が協議する体制を構築し、学校、家庭、地域が連携・協働する必要がある、とされています。

　皆さんの学校・地域では、どのような「いじめ防止基本方針」が定められているでしょうか？　また、家庭教育支援の観点からいじめ防止にどの程度関わることができているでしょうか？　まさにこの法律に関することは、家庭教育支援の講座等のテーマとすべきものです。

いじめ防止対策推進法（平成 25 年法律第 71 号）（抜粋）
（保護者の責務等）
第 9 条　保護者は、子の教育について第一義的責任を有するものであって、その保護する児童等がいじめを行うことのないよう、当該児童等に対し、規範意識を養うための指導その他の必要な指導を行うよう努めるものとする。
2　保護者は、その保護する児童等がいじめを受けた場合には、

適切に当該児童等をいじめから保護するものとする。

3　保護者は、国、地方公共団体、学校の設置者及びその設置する学校が講ずるいじめの防止等のための措置に協力するよう努めるものとする。

4　第１項の規定は、家庭教育の自主性が尊重されるべきことに変更を加えるものと解してはならず、また、前３項の規定は、いじめの防止等に関する学校の設置者及びその設置する学校の責任を軽減するものと解してはならない。

（いじめ防止基本方針）

第11条　文部科学大臣は、関係行政機関の長と連携協力して、いじめの防止等のための対策を総合的かつ効果的に推進するための基本的な方針（以下「いじめ防止基本方針」という。）を定めるものとする。

2　いじめ防止基本方針においては、次に掲げる事項を定めるものとする。

一　いじめの防止等のための対策の基本的な方向に関する事項

二　いじめの防止等のための対策の内容に関する事項

三　その他いじめの防止等のための対策に関する重要事項

（地方いじめ防止基本方針）

第12条　地方公共団体は、いじめ防止基本方針を参酌し、その地域の実情に応じ、当該地方公共団体におけるいじめの防止等のための対策を総合的かつ効果的に推進するための基本的な方針（以下「地方いじめ防止基本方針」という。）を定めるよう努めるものとする。

（学校いじめ防止基本方針）

第13条　学校は、いじめ防止基本方針又は地方いじめ防止基本方針を参酌し、その学校の実情に応じ、当該学校におけるいじめの防止等のための対策に関する基本的な方針を定めるものとする。

第 1 章
〜PTAと教育
PTAとは〜

第 2 章
日本における教育
の仕組みと課題

第 3 章
社会教育とは

第 4 章　家庭教育支援
とは

いじめの防止等のための基本的な方針（平成 25 年 10 月 11 日　文部科学大臣決定（最終改訂平成 29 年 3 月 14 日））（抜粋）
第 1　　いじめの防止等のための対策の基本的な方向に関する事項
7　いじめの防止等に関する基本的考え方
（4）地域や家庭との連携について
　社会全体で児童生徒を見守り、健やかな成長を促すため、学校関係者と地域、家庭との連携が必要である。例えば PTA や地域の関係団体等と学校関係者が、いじめの問題について協議する機会を設けたり、学校運営協議会制度（コミュニティ・スクール）を活用したりするなど、いじめの問題について地域、家庭と連携した対策を推進することが必要である。また、より多くの大人が子供の悩みや相談を受け止めることができるようにするため、学校と地域、家庭が組織的に連携・協働する体制を構築する。

4　家庭教育支援の講座等で取り上げたいその他の資料

　ここまで、家庭教育支援に関係のある法律を紹介してきましたが、その他、家庭教育支援の講座等で触れることが望ましい資料に、行政関係の資料があります。国から都道府県等に、法律の運用について解説したり、法律の内容について実際に取り組むときの注意点などをまとめたりした「通知」が出される場合があります。法律の内容と比較すると、通知は当然その内容が詳しく解説されたものとなっていますので、講座型、イベント型、企画調整型のそれぞれの家庭教育支援の活動において、どんなことに注意しておくとよいか、どんな活動に取り組めばよいか、イメージしやすいものとなっています。
　例えば、2012（平成 24）年 4 月に出された、「『つながりが創る豊かな家庭教育』〜親子が元気になる家庭教育支援を目指して〜を踏まえた取組の推進について」（巻末資料参照）という通知では、文部科学省が設置した「家庭教育支援の推進に関する検討委員会」において

まとめられた報告書の内容の解説がなされています。

　報告においては、家庭教育をめぐる社会動向について、家庭が抱える課題の多様化や家庭生活の変化、親子の育ちを支える人間関係の弱まり、現代の子どもの社会性や自立心などの育ちをめぐる課題等を踏まえ、「家庭教育が困難になっている社会」と分析し、家庭教育支援の在り方を捉え直すとともに、これまで推進してきた施策について評価を行い、今後取り組むべき課題が整理されています。

　家庭教育支援のための取組における基本的な方向性について、①親の育ちを応援する、②家庭のネットワークを広げる、③支援のネットワークを広げる、の3つに整理し、こうした「つながりが創る豊かな家庭教育」のための4つの方策が提案されています。

　また、家庭教育支援を進めていくための「自治体の役割」についても整理されていますので、この内容を踏まえて、行政機関と連携しながら、地域の実情に応じた家庭教育支援の取組を進めていくことが効果的・効率的な進め方となるでしょう。

　その中で、市町村の役割としては、「家庭教育支援の取組をコーディネートする中心的な役割を担う」とされ、具体的な支援活動の企画・実施や、地域人材等による活動のコーディネート、地域住民、NPO、学校、公民館、専門機関、企業等の地域の様々な関係者との連携・調整、家庭教育支援チーム等の組織化と運営のサポート、調整や合意形成を図る場としての協議会の組織化・運営等により、取組を進めていくことなどがその内容となっています。

　都道府県の役割としては、「地域の家庭教育支援の取組を活性化するための仕組みを整備する」とされ、協議会の組織化等により、地域課題や支援手法等の検討、学習プログラムの開発、取組状況の検証等を行うとともに、広域的な関係者のネットワーク構築を促進していくこと、広域的な観点や広域間の取組の格差是正の観点から、市町村や地域の様々な主体に対し、情報提供や助言、その他の必要な支援を行っていくことなどがその内容となっています。

　また、「課題を抱える家庭に対する学校と連携した支援の仕組みづ

第1章
〜PTAと教育
PTAとは〜

第2章
日本における教育
の仕組みと課題

第3章
社会教育とは

第4章　家庭教育支援
とは

くり」についても整理されており、①家庭教育支援チーム等の活動における学校との連携、②高校中退者の家庭に対する支援といった区分でまとめられています。

さらに、「親の学び合い・共同学習の推進」「将来親になる中高生の子育て理解学習の推進」といった観点でも、国から各自治体に対して、取り組むべき具体的な内容等が示されています。

こうした、家庭教育支援の具体的な取組内容等に関する通知の他、「生徒指導、家庭教育支援及び児童健全育成に係る取組の相互連携の推進」に関する通知（巻末資料参照）や「教育と福祉の一層の連携等の推進」についての通知（巻末資料参照）などもあり、これらも家庭教育支援の講座等で取り上げることで、その活動が有効な学びとなり得る資料です。

家庭教育の現状と課題

第

家庭教育は、「すべての教育の出発点」

> この節では、「家庭教育」や「家庭教育支援」に
> 関する様々なデータについてまとめました。

この節の POINT！

● 「家庭教育」を取り巻く現状について、いくつかのデータを
　踏まえて確認してみましょう。

● また、それらを踏まえ、PTA活動の中で仲間と協力して「家
　庭教育支援」の取組を効果的に進める方策を考えてみましょ
　う。

　前節まで、「家庭教育」や「家庭教育支援」という言葉の定義や、
その根拠となる法制度等について触れてきました。PTA活動におけ
る「家庭教育」に関する研修会や講習会、あるいは何かのイベントの
時などに、それらの情報を役立てていただくことを期待します。しか
しながら、たくさんの子どもが一緒に参加する親子イベントの場合な
どを除いて、「家庭教育に関する研修会」となると、参加前のイメー
ジとしては、響きが重く、暗い感じの印象を受けることが少なくない
のではないでしょうか？
　家庭教育に関して、「子育ての悩みや不安」というものは、いつの
時代も尽きないものです（図1）。

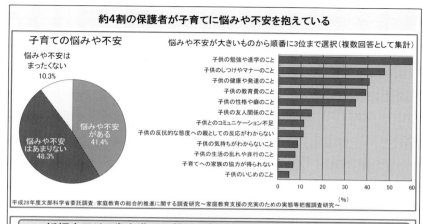

図1　子育ての悩みや不安

　公的機関が提供する様々な資料では、「家庭の教育力が低下している
と言われている」という文章がしばしば登場します。その根拠として
は、その印象を確認したアンケート調査により「低下している」との
回答が多いという結果もあるのですが、核家族化の進展、地域社会の
つながりの希薄化などにより、かつては祖父母や地域の先輩保護者か
ら得られた「教え」が得られなくなってきているため、というような、
社会状況の変化に起因して、現役保護者の「家庭教育力」が低下して
きている、という内容になっています（図2・3・4）。こうした部
分的な印象が独り歩きして、「きちんとできていないから家庭教育に
ついて学ぶのだ」という趣旨の研修会になっているとすれば、その参
加前の印象が重く、暗くなってしまいがちなのは必然の流れです。そ
もそも、「家庭の教育力」について、ここまでできていれば合格、といっ
た明確な統一基準が存在するわけではありません。

　文部科学省が2012（平成24）年3月にまとめた『つながりが創る
豊かな家庭教育〜親子が元気になる家庭教育支援を目指して〜』によ

ると、「家庭の教育力が低下しているという認識は、世の中全般に見たときの国民の認識であって、必ずしも個々の家庭の教育力の低下を示しているとは言えないこと、また、その指摘は、子どもの育ちに関する様々な問題の原因を家庭教育に帰着させ、親の責任だけを強調することにもなりかねない」とされています。

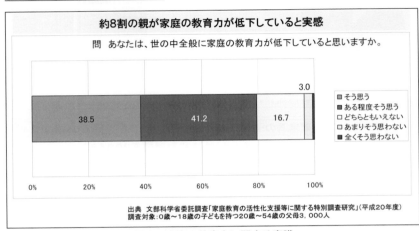

図2　家庭の教育力に関する意識

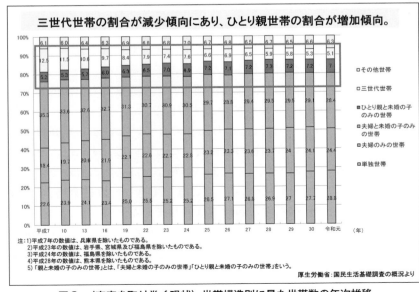

図3　〈家庭を取り巻く現状〉世帯構造別に見た世帯数の年次推移

第1章
〜PTAと教育
〜PTAとは〜

第2章
日本における教育
の仕組みと課題

第3章
社会教育とは

第4章
家庭教育支援
とは

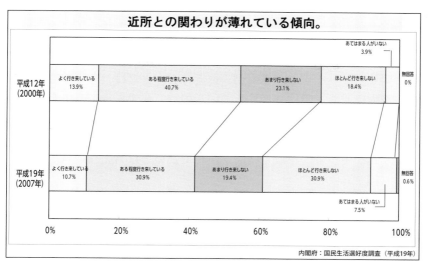

図4　近所付き合いの程度の推移

　「家庭教育」とは、その言葉を一見したところ、個々の家庭を顧みて、親として子育てがきちんとできているか、と発想しがちです。研修会などのイメージが時に芳しくないものになるのは、そうした言葉の誤解に起因して、頑張っているのに苦言を呈されるのではないか、という不安があるからかもしれません。家庭教育を支援する取組は、それぞれが懸命に取り組んでいる「家庭生活、その中での親子の学び」に、当事者でない者が成績をつけようとするものではありません。

　「家庭教育」や「家庭教育支援」とは、前節までで整理してきたとおり、教育の基盤として大事なのだから、保護者としてそれぞれが大切にすることをさらに良くしていくために、みんなで協力して、できるだけたくさんの支援の選択肢を用意し、子育てのプラスアルファを楽しく探す営みなのではないでしょうか。その上で、個々の家庭のやり方に介入するのではなく、関係者と協力してプラスの選択肢を用意して、より良い家庭教育を展開していくものであれば、それができるのかできないのか、改めて２つの側面から現状と課題の検証が必要です。すなわち「支援を受ける側」と「支援を行う側」、それぞれがど

のような現状であり、課題があるか、という見方からの検証です。

　「支援を受ける側」、すなわち「家庭」の現状に関しては、様々なデータがあります。その中でも、保護者に関するデータと、子どもの生活等に関するデータがありますが、前者のデータでは、そもそも１つの世帯を構成する人数が減ってきている中で、共働き世帯、また、ひとり親世帯の数は、1990年代までと比較して増加傾向にあります（図５・６）。そのような中、平日に親子が接する時間に関するデータもあり、コミュニケーションを取る時間が決して長いとは言えない状況にあります（図７）。

　「子どもは親や兄弟・姉妹を見て育つ」と耳にすることがありますが、家庭における親子の学びの機会としては、その学びに関わる人数も減少し、さらに接する時間も減ってきているようです。

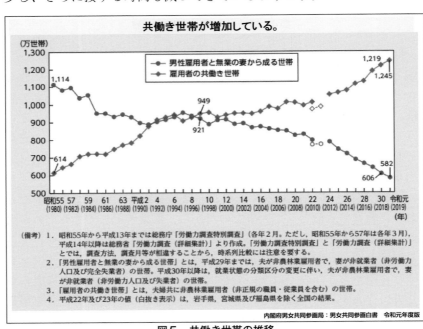

図５　共働き世帯の推移

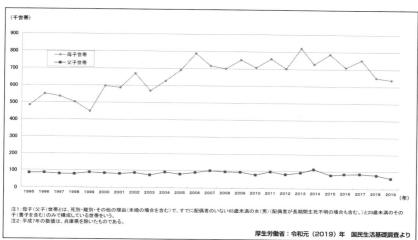

注1：母子（父子）世帯とは、死別・離別・その他の理由（未婚の場合を含む）で、すでに配偶者のいない65歳未満の女（男）（配偶者が長期間生死不明の場合も含む。）と20歳未満のその子（養子を含む）のみで構成している世帯をいう。
注2：平成7年の数値は、兵庫県を除いたものである。

厚生労働省：令和元（2019）年　国民生活基礎調査より

図6　母子世帯・父子世帯数の推移

図7　平日に親が子どもと接する時間の割合

　子どもの生活等に関するデータでは、基本的生活習慣の観点から、睡眠時間や朝食摂取など、図8・9のような現状です。また、家での過ごし方として、今や生活に浸透していますが、携帯電話やスマートフォン、テレビゲーム等を利用する時間については図10のとおりです。

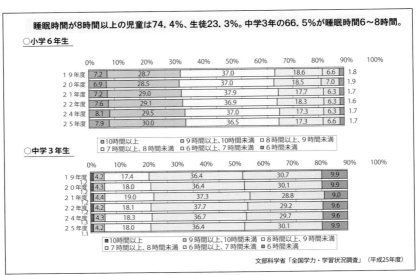

図8　平日の睡眠時間

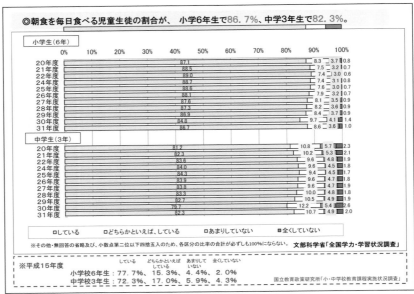

図9　朝食を毎日食べる児童生徒の割合

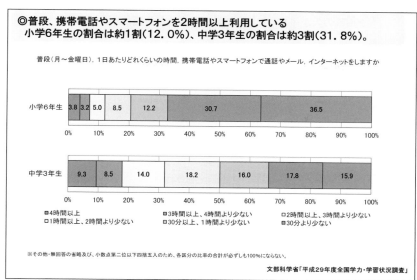

図10　携帯電話やスマートフォンの利用時間

　次に「支援を行う側」、すなわち「地域社会」の現状について、前述のとおり、ご近所付き合いが減少傾向にあることの他、子育てのことで地域に気軽に相談できる活動があればよい、といったニーズがあるということが、データからわかります（図11・12・13・14）。

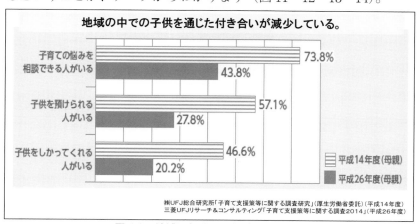

図11　地域におけるつながりの希薄化

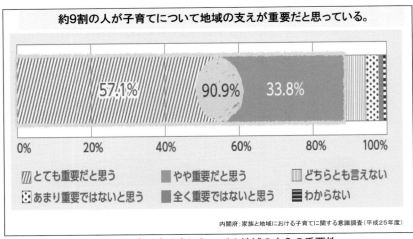

図12　子育てする人にとっての地域の支えの重要性

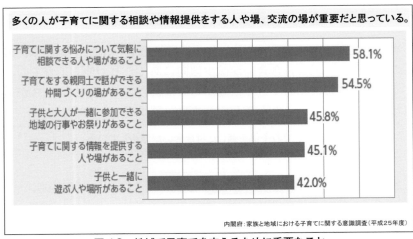

図13　地域で子育てを支えるために重要なこと

第1章
〜PTAと教育
PTAとは〜

第2章
日本における教育
の仕組みと課題

第3章
社会教育とは

第4章
家庭教育支援
とは

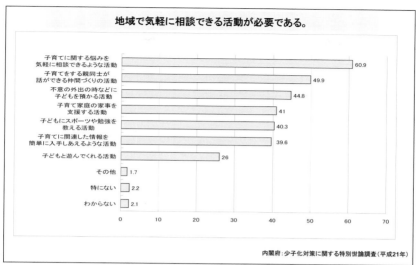

地域で気軽に相談できる活動が必要である。

活動	割合
子育てに関する悩みを気軽に相談できるような活動	60.9
子育てをする親同士が話ができる仲間づくりの活動	49.9
不意の外出の時などに子どもを預かる活動	44.8
子育て家庭の家事を支援する活動	41
子どもにスポーツや勉強を教える活動	40.3
子育てに関連した情報を簡単に入手しあえるような活動	39.6
子どもと遊んでくれる活動	26
その他	1.7
特にない	2.2
わからない	2.1

内閣府：少子化対策に関する特別世論調査（平成21年）

図14　子を持つ親にとってあればいいと思う地域活動

　ここまで、様々なデータに触れ、現状について紹介しました。では、改めて、このような中、「家庭教育」やその支援が、関係者と協力してプラスの選択肢を用意して、より良い展開を目指すもの、とすれば、そのための課題はどういったことが挙げられるのでしょうか。また、どのような方向性で解決を目指すとよいのでしょうか。

　端的には、「○○が減ってきている」というキーフレーズのとおり、これまでの状況が維持できなくなってきている、ということと、加えて、過去と比較して新たな状況が発生している（共働きやひとり親家庭の増加、インターネットやスマートフォンといった便利な機器の進化、使用の日常化等）ということに整理できます。

　課題の解決策について、熟考せず拙速な発想をしてしまうと、減っているのであれば補完すればよい、新たな状況については可能であればその状況を避ければよい、となってしまいますが、家庭や地域社会の状況は、単純な課題の棲み分けができるものではなく、様々なことが複層化していることが一般的であり、また日々刻々と変化している場合もあります。家庭における親子の学びの機会を維持する補完シス

テムなど、一朝一夕で用意されるものではありませんし、今や生活を支える便利な機器を使わないようにする、という選択もあり得ません。

　課題の解決のために大切なことは、データなどから得る情報について、常に自身の周り、学校、関係する地域、PTA活動の状況などが、同じであるか、また違う状況になっているかなど確認し、実情に応じた対応策を考える、ということです。そうでない場合、総論の現状と課題、その解決策をそのまま採用し、実は総論とは違う状況であった場合にミスマッチの解決策を進めることになってしまいます。この節で得る情報は多くが総論的な情報です。各論の集合体が総論であり、各家庭、学校、地域の実情で当てはまることが多いとは思いますが、PTA活動の中で、当該地域の様子を確認することが、より良い解決策、実際の取組を進めるために必要です。

　なお、実際の取組を効果的に進めるための有効策としては、家庭教育支援の取組を、「無理をせず何かの活動に混ぜて一緒に行う」ということが考えられます。前項の公的機関からの通知等の紹介の中に、福祉分野との連携に関する情報がありました。例えば、子どもの生活習慣の確立のことなど、健康・医療の分野での支援策と、家庭・学校・地域での学びの機会を重ねて行うことは、参加者には違和感の少ない取組になると考えます。さらには、現状データにも、共働き家庭の増加の情報がありましたが、健康・医療だけに限らず、地域防災や伝統行事、学校行事などに親子参加の要素を加味するなど、家庭教育が良くなる可能性を高めるスパイスを加えることは、必要な学びの要素は減らさず、されど取組の時間を増やさず、PTA活動において学びの機会を効率的に確保する策として有効と考えます。

　また、課題の解決のためにもう1つ大切なことは、関係者の共通理解として、「無理をせず時間をかけて進めるものだ」という認識をしておくことです。特に、PTA活動がその中に含まれる「社会教育」の取組には、生活に根差した課題が多いため、家庭教育についても例に漏れず、継続した対応が必要となります。

　一方で、一定の期間に学校に通う中での「学校教育」の課題は、代

表的な「児童生徒の学力を上げる」という課題がありますが、このことについては、用意された教科書で学びテストで確認する、またそこには正解があって到達度がわかる、という状態です。その状態と比較すると、社会教育には、いつからいつまで取り組むといった用意されたルールもなく、時には正解が複数存在すると思われることや、一時的には達成感が得にくい、継続が必要と再認識しただけの結果となることもあります。しかし、学校教育や社会教育といった整理は、学術的な整理や行政による支援の対象を整理する時などに線引きされているものであって、日常生活でその違いを実感することは多くはなく、本来「地続きのもの」なのです。

　「家庭における親と子の学び」は、日常生活の中での基本的な場面です。日常生活の「学び」に線引きはなく「地続きのもの」であるならば、家庭における学びの延長に、学校での学びや地域社会での学びがあります。すべてを含めて「生活、人生」そのものです。日常生活の基本的な場面を「家庭教育」という用語で切り取って語ることもありますが、その営みが豊かになることで全体に波及し、子どもにとっても親にとっても、生活、人生を豊かにする一助となり得ます。

　また、1人でできることもありますが、誰かと協力して行うとさらにその可能性が高まります。PTA活動は、家庭教育だけを行うものではありませんが、PTA活動こそ、社会教育の様々な取組の分野がある中で、最も家庭教育に親和性が高いのではないでしょうか。仲間の数ほど、あるいはそれ以上、きらりと光る子育て、親育ちのワザがあり、家族みんなが笑顔になる術があるものです。それらはきっと家族が苦楽を共にして生まれた素敵な知恵であり、大勢で共有すべきものです。

　この章で家庭教育やその支援について基本的な情報に触れた方々が、「家庭教育」という独特の響きに惑わされず、仲間と一緒にますます素敵な知恵を生み出されること、それらが広がっていくことを切に期待します。

巻末資料

「父母と先生の会」（PTA）参考規約【第一次参考規約】

（1948（昭和23）年12月1日全国都道府県知事あてに送付）

　本省設置の「父母と先生の会」委員会においては、研究審議の結果、このほど別紙「父母と先生の会」参考規約を完成したから送付する。貴会におかれては管下の一、公私立の幼稚園、小学校、中学校及び高等学校の各園長ないしは校長、二、前記の各学校の「父母と先生の会」会長、三、連合体ないしはそれに類するものがあればその代表者、四、図書館長及び公民館長あてにそれぞれ複写配布されるようお願いする。なお本規約は一般的な参考規約であるが、貴管下の各「父母と先生の会」において、各自の規約を反省検討されるに際して、あるいは又、今後新しく「父母と先生の会」の規約を作成しようとするにあたり、十分に本規約を活用するように配慮されることを重ねてお願いする。

第1章　名称
　第1条　本会は〇〇学校「父母と先生の会」（PTA）と称する。

第2章　目的
　第1条　本会は、左の諸項を目的とする。
　　一、家庭、学校及び社会における児童青少年の福祉を増進する。
　　二、家庭生活及び社会生活の水準を高め、民主社会における市民の権利と義務とに関する理解を促すために、父母に対して成人教育を盛んにする。
　　三、新しい民主的教育に対する理解を深め、これを推進する。
　　四、家庭と学校との関係を一層緊密にし、児童青少年の訓育について、父母と教員とが聡明な協力をするようにする。
　　五、父母と教員と一般社会の協力を促進して、児童青少年の心身の健全な発達をはかる。
　　六、学校の教育的環境の整備をはかる。
　　七、児童青少年の補導、保護並びに福祉に関する法律の実施につとめ、さらに新しい適正な法律をつくることに協力する。
　　八、適当な法律上の手段により、公立学校に対する、公費による適正な支持を確保することに協力する。
　　九、その地域における社会教育の振興をたすける。
　　十、国際親善につとめる。

第3章　方針

第3条　本会は、教育を本旨とする民主的団体として活動する。

第4条　本会は、非営利的、非宗派的、非政党的であって、本会の名において、いかなる営利的企業を支持することも、また他のいかなる職務（公私を問わず）の候補者を推薦することもできない。本会および本会の役員は、その名において、営利的、宗派的、政党的、その他本会の本来の事業以外の活動を目的とする団体およびその事業に、いかなる関係をも持ってはならない。

第5条　本会は、児童青少年の福祉のために活動する他の社会的諸団体および機関と協力する。

第6条　本会は、自主独立のものであって、他のいかなる団体の支配、統制、干渉をも受けてはならない。

第7条　本会は、教員、校長および教育委員会の委員と学校問題について討議し、またその活動をたすけるために意見を具申し、参考資料を提供するが、直接に学校の管理や教員の人事に干渉するものではない。

第8条　本会は、国および地方公共団体の適正な教育予算の充実を期するために努力する。

第9条　本会は、学校の財政的維持および教員の給与並びに生活費に関して、直接責任を負うものではない。

第4章　会員

第10条　本会の会員になることのできるものは、学校に在籍する幼児、児童、生徒の父母またはそれに代わる人（以下父母という）、学校に勤務する校長および教員（以下教員という）とし、会員はすべて平等の権利と義務とを有す。その地域に在住し、特に教育に関心を持つものは、希望により入会を認められる。

第5章　会計

第11条　本会の経費は、会費、事業収入および自発的な寄附金を以て支弁する。会費の額および資金獲得の種類を決定する場合、並びに会員または外部のものに対し寄附を求める場合には、総会における無記名投票による多数決で総会の承認を得なければならない。

第12条　会費は、月額、○○円または年額○○円である。会費は、月ごとに納めることも、また1年分を一度に納めることもできる。

第13条　本会の資産は、第2章の目的達成のため以外には、支出または使用してはならない。

第 14 条　本会の会計年度は、4 月 1 日に始まり翌年の 3 月 31 日に終る。

第 6 章　役員の選挙

第 15 条　本会の役員は次のとおりとする。

　一、会長　　　　1 名　　　　父母

　二、副会長　　　1 名　　　　教員または父母

　三、書記　　　　1 名　　　　教員

　四、会計　　　　1 名　　　　父母

　役員の任期は 1 年とする。ただし引続き 1 年間だけは重任しても差支えない。

第 16 条　役員の選挙および就任は左のとおり行われる。

　一、7 名の委員からなる役員候補者指名委員会をつくる。

　　（イ）父母の中から次の方法により 4 名を選出する。

　　　（1）各学校の父母は、多数決により、それぞれ 1 名の学級代表　を選出する。

　　　（2）これらの学級代表は会合して、多数決により四名を互選する。

　　（ロ）教員の中より互選により 2 名を選出する。

　　（ハ）実行委員会の中から互選により 1 名を選出する。

　二、役員候補者の指名は、指名委員会によってなされる場合も会員席からなされる場合も、その名前を発表する前に被指名者の同意を得なければならない。

　三、指名委員会は、各々の役員に対し 2 人以上の候補者をあげ、役員選挙の少くとも 10 日前に全会員に通告する。

　四、指名委員の名を一月総会に発表する。

　五、役員候補者の追加指名は、選挙を行う総会の際、会員席からなすことができる。

　六、役員は、2 月総会において、無記名投票により多数決で選挙される。

　七、新たに選ばれた役員の就任は、3 月の年度末総会において行われる。

第 17 条　役員の兼任は認めない。

第 7 章　役員の資格および任務

第 18 条　公職追放や教職不適格者でないもの、昭和 22 年政令第 15 号、昭和 22 年政令第 62 号、のいずれにも該当しないもので、児童青少年を愛し、民主主義と教育とに理解を持っている会員は、第 6 章の規定に従って役員に選挙されることができる。

第 19 条　役員の任務は次のとおりである。

一、会長は、総会および実行委員会のすべての集会を司会し、実行委員会の承認を得て、役員候補者指名委員会および会計監査委員会を除くすべての委員会の委員長を任命し、かつ職責上、役員候補者指名委員会および会計監査委員会以外のこれらの委員会に一委員として出席する。会長または会長によって指名あるいは任命された者は、必要のある場合諸種の会合に本会の代表として出席する。

二、副会長は会長を補佐し、会長不在の場合には代理をつとめる。

三、書記は、総会並びに実行委員会の議事を正確に記録し、各種の会合について通知する。

四、会計は、本会のすべての金銭の収入支出を正確に記録し、総会のつど収支を報告し、年度末総会においては、会計監査委員会または公認会計士の監査を経た決算報告をする。

第8章　集会

第20条　総会および実行委員会は、少くとも毎月1回開かれる。各種委員会の集会、学級の集会および研究班の集会は、会員の都合により随時開かれる。

第21条　毎年次のような事務的総会を開く。

　　4月総会　新会員に関する報告、企画委員会より提出された年度計画および年度予算その他の緊急事項に関する審議並びに承認。

　　1月総会　役員候補者指名委員の選挙。

　　2月総会　翌年度役員および会計監査委員の選挙。

　　3月総会　会計監査を経た年度決算報告の承認、新役員の就任。

第22条　総会の日時、場所および議題は、前回の総会のとき告示する。

第23条　総会の定足数は、会員の5分の1とする。決議は、出席者の過半数の同意を必要とする。

第24条　実行委員会が必要と認めた場合、または全会員の5分の1以上の要求のあった場合には、会長は臨時総会を召集する。

第9章　実行委員会

第25条　実行委員会は、本会の役員、各常任委員会の委員長および校長またはその代理によって構成される。

第26条　実行委員会に任務は次のとおりである。

一、会長によって選ばれた各種委員会の委員長を承認する。

二、各種委員会によって立案された事業計画を審議検討する。

三、総会に提出する報告書を作成する。

四、必要ある場合に特別委員会を設ける。

　五、その他全会員より委任された事務を処理する。

　六、役員に欠員を生じた場合に、それを補充する。ただし会長に欠員を生じた場合にかぎり、副会長が昇進する。

第27条　実行委員会の例会は、少くとも毎月一回開かれ、その日時は、その年度最初の集会のとき定める。

第28条　実行委員会は、委員の半数以上が出席しなければ成立しない。

　　　　会長または委員の半数以上が必要と認めたときは、事務的臨時会議を開くことができる。

第10章　委員会の選定

第29条　委員会には常任委員会、特別委員会、役員候補者指名委員会および会計監査委員会の４つがある。

第30条　役員候補者指名委員会および会計監査委員会を除く各種委員会の委員長は、実行委員会の承認を得て、会長がこれを任命する。

任期は１年とする。ただし引続き一年間だけは再任を認められる。

第31条　役員候補者指名委員会および会計監査委員会を除く各種委員会の委員は、それぞれ委員長によって選ばれる。校長は企画委員会の委員になる。会員委員会は、各学年を代表する委員によって構成される。

第32条　常任委員会には予算会計委員会、会員委員会、企画委員会、厚生委員会、成人教育委員会がある。

　　　　この他必要に応じ実行委員会によりその他の委員会をおくことができる。

第33条　常任委員会の委員長は、役員および校長の承認を得て、会長がこれを任命する。各委員長はそれぞれ委員を選定する。

第11章　委員会の任務

第34条　予算会計委員会は、会計を補佐して年度予算をつくり、健全な財政の運営に協力する。

第35条　企画委員会は、本会の目的および能力に応じた各種の計画をたてる。

第36条　会員委員会は、会員の増加と本会の趣旨の解明につとめる。

第37条　厚生委員会は、本会の企画の一部として、児童青少年の福利に寄与する計画にたずさわる。

第38条　成人教育委員会は、両親教育の企画にたずさわり、あわせて本会の企画の一部として社会教育を盛んにすることに協力する。

第39条　役員候補者指名委員会は選挙総会に提示する役員候補者を選定する。

第40条　特定の目的を遂行するために、実行委員会は特別委員会を設けることができる。

第41条　会計監査委員会は、2月総会において、会員の多数決により選出された3名以上の委員によって構成される。会計監査委員会は、（公認会計士を必要としないときは）その年度の会計を監査し、その結果を年度末総会に報告する。

第42条　常任委員会および特別委員会は、いかなる事業計画についても実行委員会にはからなければならない。

　　　第12章　改正

第43条　規約は、総会において出席者の3分の2以上の賛成投票により改正することができる。

　　　但し改正案の提出については、前回の総会においてその内容を全会員に通告しておかなければならない。

小学校「父母と先生の会」参考規約【第二次参考規約】

　　　（1954（昭和29）年3月社会教育審議会父母と先生の会分科審議会発表）

　PTAの目的については、父母と教員とが協力して、家庭と学校における児童、青少年の幸福な成長をはかること（規約第3条）とし、活動として、

- ・よい父母、教員となるように努める
- ・家庭と学校との緊密な連絡によって児童青少年の生活を補導する
- ・児童青少年の生活環境をよくする
- ・公教育を充実するように努める
- ・国際理解に努める

ことが挙げられている。

　教育を本旨とする民主団体と性格付けをした上で、その活動方針として、

- ・児童青少年の教育、福祉のための団体・機関とする
- ・特定の政党や宗教にかたよることなく、もっぱら営利を目的とする行為は行わない
- ・PTAまたはPTA役員の名で公私の選挙の候補者を推薦しない
- ・学校の人事その他には干渉しない

と規定している。

　会員については在籍する児童の父母またはこれに代わる人、校長・教員、PTAの趣旨に賛同する人（ただし、運営委員会が決定した者のみ該当）となっているほか、郡市・都道府県・全国の協議会の会員に関する規定も含まれている。

　さらに、役員の選挙や総会・委員会などについては細則が別に規定された。こうした規定を第一次参考規約と比べてみると、全体に条文の規定が簡潔に示され、整備された形になっている。そのため、一方では、抽象的な記述ぶりになり、PTAの役割・活動内容が具体的にイメージしにくくなっているのも確かである。条文の簡素化により、PTA本来の趣旨が不明確になってしまった。

　PTAの組織形態については、文部省(現文部科学省)は、「父母と先生の会委員会」による1947(昭和22)年のPTAの結成手順書でも、1948(昭和23)年の参考規約でも、趣旨に賛同する個人意志に基づく自由な参加原則が謳われていたが、現実にはほとんどのPTAで、それぞれの学校を単位に、在学する子どもの父母と教員の全員が、網羅的に自動的に会員になることとされた。このことは、その後長く、本来、PTAはボランティアによる自発的な参加団体のはずであるのに、全員を網羅する形で組織化することは、団体の会員としての意識を低め、活動の不活発化を招く元であるとの批判や議論をもたらすことになった。

　極めて短い期間内に、全国の学校にPTAが組織されることになったが、それが可能だったのは、ほとんどの学校に戦前から運営されてきた親の会があったからであり、それらがPTAの直接の母体になったからであった。

小学校「父母と先生の会」（PTA）参考規約

第1章　名称および事務所

　第1条　この会は、○○小学校父母と先生の会（PTA）という。

　第2条　この会は事務所を○○に置く。

第2章　目的および活動

　第3条　この会は、父母と教員とが協力して、家庭と学校と社会における児童・青少年の幸福な成長をはかることを目的とする。

　第4条　この会は、前条の目的をとげるために、次の活動をする。

　　一、よい父母、よい教員となるように努める。

　　二、家庭と学校との緊密な連絡によって、児童・青少年の生活を補導する。

　　三、児童・青少年の生活環境をよくする。

　　四、公教育費を充実することに努める。

　　五、国際理解に努める。

第3章　方針

　第5条　この会は、教育を本旨とする民主団体として、次の方針に従って活動する。

一、児童・青少年の教育ならびに福祉のために活動する他の団体および機関と協力する。

二、特定の政党や宗教にかたよることなく、またもっぱら営利を目的とするような行為は行わない。

三、この会またはこの会の役員の名で、公私の選挙の候補者を推薦しない。

四、学校の人事その他管理には干渉しない。

第4章　会員

第6条　この会の会員となることのできる者は、次のとおりである。

一、○○小学校に在籍する児童の父母またはこれに代る者。

二、○○小学校の校長および教員。

三、この会の主旨に賛同する者。

2　ただし、第三号に該当する者の入会は、運営委員会が決定する。

第7条　この会の会員は、会費を納めるものとする。

2　会費は、年額○○円とし、分納することができる。

第8条　会員は、すべて平等の義務と権利とを有する。

第9条　この会の会員は、○○区郡市協議会、○○都道府県協議会および○○全国協議会の会員となる。

第5章　経理

第10条　この会の活動に要する経費は、会費、寄付金およびその他の収入によって支弁される。

第11条　この会の経理は、総会において議決された予算に基づいて行われる。

第12条　この会の決算は、会計監査を経て、総会に報告され、承認を得なければならない。

第13条　この会の会計年度は、毎年四4月1日から始まり、翌年の3月31日に終る。

第6章　役員

第14条　この会の役員は次のとおりである。

会長　1名　　副会長　1名　　書記　1名　　会計　1名

役員は、他の役員、会計監査委員または選挙管理委員を兼ねることができない。

第15条　役員は、総会に出席した会員の無記名投票により、選挙される。

第16条　役員の任期は、1年とする。ただし、同じ役員の職については、一回に限り、再任を妨げない。

2　役員は、引続いて他の役員に選任されることができる。ただし、役員の職

にあることが連続し、通算して４年を超えてはならない。

第17条　会長は、次の職務を行う。

一、総会および運営委員会を招集し、会議の議長となる。

二、他の役員および校長の意見を聞いて、常置委員会の委員長を委嘱する。

三、運営委員会の承認を得て、臨時委員会の委員長を委嘱する。

２　会長は、役員・会計監査委員候補者指名委員会、選挙管理委員および会計監査委員の集会を除くすべての集会に出席して、意見を述べることができる。

第18条　副会長は、会長を補佐し、会長に事故があるときは、その職務を代行する。

第19条　書記は、次の職務を行う。

一、総会および運営委員会の議事ならびにこの会の活動に関する重要事項を記録する。

二、記録、通信その他の書類を保管する。

三、会長の指示にしたがって、この会の庶務を行う。

第20条　会計は、次の職務を行う。

一、総会が決定した予算に基づいて、いっさいの会計事務を処理する。

二、定期総会のつど、会計報告をする。

三、年度末総会において、会計監査委員の監査を経た決算報告をする。

四、この会の財産を管理する。

五、予算の立案について協力する。

第７章　会計監査委員

第21条　この会の経理を監査するため、３名の会計監査委員を置く。

第22条　会計監査委員は、総会に出席した会員の無記名投票により選挙される。

第23条　会計監査委員は、必要に応じ、随時、会計監査を行うことができる。

第24条　会計監査委員の任期は、１年とする。

第８章　選挙管理委員

第25条　役員および会計監査委員の選挙に関する事務を処理するときには、３名の選挙管理委員を置く。

第26条　選挙管理委員は、総会に出席した会員の無記名投票により、選挙される。

第27条　選挙管理委員は、その任務を終了したときに、解任される。

第９章　役員・会計監査委員候補者指名委員会

第28条　役員および会計監査委員の候補者を指名するときには、役員・会計監査委員候補者指名委員会（以下「指名委員会」という）を置く。

第29条　指名委員会の委員の数と選出の方法は、細則で定める。

第30条　指名委員会の委員は、その任務を終了したときに解任される。

第10章　総会

第31条　総会は　全会員をもって構成され、この会の最高決議機関である。

第32条　総会は、定期総会および臨時総会とする。

2　定期総会は、4月、○月……1月、2月および3月に開催する。臨時総会は、運営委員会が必要と認めたときまたは会員の10分の1以上の要求があったときに開催する。

第33条　総会は、会員の現在数の5分の1以上出席しなければ、その議事を開き、議決することができない。

第34条　総会の議事は、出席者の過半数で決する。

第11章　運営委員会

第35条　運営委員会は、役員、常置委員会の委員長、校長および臨時委員会のある場合には、その委員長をもって構成され、この規約に定めるもののほか、役員、会計監査委員、指名委員会、選挙管理委員、常置委員会および臨時委員会の権限以外の事務を処理し、かつ常置委員会の連絡調整をはかり、総会に提出する議案を調整する。

第36条　運営委員会は、会長が必要と認めたとき、または構成員の4分の1以上の要求があったときに開催する。

第37条　運営委員会委員の現在数の2分の1以上出席しなければ、その議事を開き、議決することができない。

第38条　運営委員会の議事は、出席者の過半数で決する。

第12章　常置委員会および臨時委員会

第39条　この会の活動に必要な事項について、調査、研究、立案するために、常置委員会を置く。

2　常置委員会についての必要な事項は、細則で定める。

第40条　特別な事項について、必要があるときには、臨時委員会を設けることができる。

2　臨時委員会について、必要な事項は、細則で定める。

第13章　細則

第41条　この会の運営に関し必要な細則は、この規約に反しない限りにおいて、運営委員会の議決を経て定める。

2　運営委員会は、細則を制定または改廃した場合には、その結果を次期総会に報告しなければならない。

第 14 章　改正

　第 42 条　この規約は、総会において、出席者の 3 分の 2 以上の賛成がなければ
　　　　改正することができない。ただし、改正案は、総会の開催の少くとも、2
　　　　週間前に全会員に知らせておかなければならない。

父母と先生の会のあり方について【第三次参考規約】

（1967（昭和 42）年 6 月 23 日社会教育審議会報告）

　本審議会は、父母と先生の会（PTA）のあり方について審議を重ね、とくにその目的と性格について一応、下記のようにまとめたので報告する。なお、このほか組織、運営についても重要な諸問題が残されているが、今回は、その基本問題である目的、性格を中心に検討を加えた。

　父母と先生の会（PTA）は、昭和 22 年から 25 年頃にかけてほとんど全国の小、中、高等学校において結成され、今日ではわが国でもっとも普及した成人の団体となっている。

　従前の父母と先生の会（PTA）の多くは、学校後援的な事業に重点がおかれ、その面での役割を果たしてきたが、この会結成の趣旨である児童生徒の幸福な成長をはかるための会員相互の学習活動や社会活動等は、必ずしも十分に行われてきたとはいえない。これは、結成当時の社会情勢や、父母と先生の会（PTA）のあり方に対する理解の不足等によってもたらされたものといえよう。しかし、この会発足後 20 年余を経、社会情勢もいちじるしく変化した今日においても、なおこの傾向が多分にみられ、あらためてそのあり方、とくに基本的な問題である目的、性格を明らかにする必要がある。

1　目的、性格について

　「父母と先生の会」（PTA）は、児童生徒の健全な成長をはかることを目的とし、親と教師とが協力して、学校および家庭における教育に関し、理解を深め、その教育の振興につとめ、さらに、児童生徒の校外における生活の指導、地域における教育環境の改善、充実をはかるため会員相互の学習その他必要な活動を行う団体である。

　父母と先生の会（PTA）の目的は、「児童生徒の健全な成長をはかる」ことにある。児童生徒の健全な成長をはかるためには、学校と家庭と社会とが、それぞれ教育の責任を分担し、協力しあうことが大切であるが、とくに、児童生徒の教育に直接責任をおう学校と家庭の協力体制が必要である。この、協力体

制は、さらに、地域社会における児童生徒の教育についても重要な役割を果たすものである。

父母と先生の会（PTA）は、この目的のもとに、学校および家庭における教育の理解とその振興、児童生徒の校外における生活の指導、地域における教育環境の改善などを促進するために必要な諸活動を行うものである。

「学校および家庭における教育の理解とその振興」については、学校と家庭とが、それぞれ教育の責任を分担し、密接な関連を保ちながら児童生徒の指導が十分に行われるよう学校における指導の方針や、家庭における教育のあり方等について相互の理解を深めることが必要である。この相互の理解にもとづいて、（ア）学校の教育計画の実施上必要な、家庭と学校の協力活動をすすめ学校教育の充実に寄与し、（イ）学校とならんで教育の基本的な場である家庭の意義、機能、およびその教育的役割等について理解を深め、家庭教育本来の機能を果たし得るよう家庭教育に関する学習活動等を行うことが望まれる。

「児童生徒の校外における生活の指導」については、学校の教育方針にもとづく校外の生徒指導に協力するとともに、健全な遊びや規律ある集団活動などを通して、児童生徒の心身ともに健全な発達をうながすよう、適切な指導を行うことや、少年団体等の健全な育成をたすける役割が期待される。

「教育環境の改善」については、児童生徒が生活する地域環境を、教育的に改善し、また、児童生徒の校外における生活の安全を確保することが重要であり、たとえば、遊び場の整備、交通安全施設の設置、危険地域の改善などを促進することや、出版物、マスコミ等に対処する活動などがある。

以上の諸活動を効果的にすすめるためには、会員相互の話しあいや、組織的な学習や実践が必要であり、さらに、父母と先生の会（PTA）相互の連絡協調や関連する諸団体等との連携をはかることが望ましい。

2　構成について

「父母と先生の会（PTA）は、各学校ごとに、その学校に在籍する児童生徒の親および教師によって、学校ごとに組織される。」父母と先生の会（PTA）は、各学校に在籍する児童生徒の親およびその学校に勤務する教師によって構成される。

なお、この会の目的達成のためには、会の趣旨に賛同する親と教師が自主的にできるだけ多く参加することが望ましい。

3　運営について

「父母と先生の会（PTA）は、会員の総意によって民主的に運営され、特定の政党、宗派にかたよる活動や、もっぱら営利を目的とする行為を行わない。」

　　父母と先生の会（PTA）は、会員の総意にもとづき、親と教師が会員として同等の立場で運営されなければならない。したがって、会の運営や会務の処理等を一部の役員や学校の関係者のみにゆだねることは適切でない。

　　また、この会は、その目的、性格のうえから特定の政党や宗派を支持、支援したり、もっぱら営利を目的とする行為を行ってはならない。

4　相互の連携提携について

　　父母と先生の会（PTA）相互の連絡を緊密にし、その発展をはかるとともに、共通の目的を達成するためには、その協力組織として、市町村、都道府県および全国的等の各段階における連絡協議体の果たす役割が重要であると考えられる。

　　「付記」小学校父母と先生の会（PTA）参考規約（1954（昭和29）年2月社会教育審議会父母と先生の会分科審議会決定）は、当時における父母と先生の会の規約の参考として、その役割を果たしてきたが、今後はこの報告の趣旨にもとづいて父母と先生の会の運営に留意することが望ましい。

「つながりが創る豊かな家庭教育」～親子が元気になる家庭教育支援を目指して～を踏まえた取組の推進について（依頼）

（平成 24 年 4 月 27 日 24 文科生第 17 号）

各都道府県教育委員会教育長
各指定都市・中核市教育委員会教育長
各都道府県知事　　　　　　　　　　　　殿
附属学校を置く各国立大学長
文部科学省生涯学習政策局長

　文部科学省では、平成 23 年 5 月に「家庭教育支援の推進に関する検討委員会」を設置し、家庭教育支援の在り方等について検討を行ってきたところですが、このたび、別添のとおり「『つながりが創る豊かな家庭教育』～親子が元気になる家庭教育支援を目指して～（報告）」がとりまとめられました。

　報告においては、家庭教育をめぐる社会動向について、家庭が抱える課題の多様化や家庭生活の変化、親子の育ちを支える人間関係の弱まり、現代の子どもの社会性や自立心などの育ちをめぐる課題等を踏まえ、「家庭教育が困難になっている社会」と分析し、家庭教育支援の在り方を捉え直すとともに、これまで推進してきた施策について評価を行い、今後取り組むべき課題を整理しています。

　その中で、基本的な方向性について、家庭教育が家庭内だけでなく、地域や学校をはじめとする他者とのつながりの中で行われることの重要性や、支援者や多様な世代の関わり合いにより親子の豊かな育ちを支えることの重要性に鑑み、①親の育ちを応援する、②家庭のネットワークを広げる、③支援のネットワークを広げる、の 3 つに整理し、こうした「つながりが創る豊かな家庭教育」のための 4 つの方策を提案しています。

　これらが、現代の家庭教育をめぐる社会動向を踏まえた家庭教育支援の方策を網羅的に示すとともに、児童虐待などの社会的課題や不登校、引きこもりなどの困難な課題に対応した方策の充実も盛り込まれていることを踏まえ、本報告が国や地方公共団体の施策の指針となり、取組の一層の充実が図られるようよろしくお願いします。

　ついては、貴職におかれては域内の市区町村教育委員会及び所管の学校等に、周知いただくとともに、報告の趣旨を踏まえ、豊かなつながりの中で親子が元気に育まれることを目指した取組の一層の充実に御協力をお願いします。

　なお、本報告における自治体の役割等は別添のとおりですので、参考にしてく

ださい。

　また、本報告における家庭教育支援の充実に向け関連部局が連携して推進することが望ましい方策等については、別途通知する予定としております。

　なお、報告の全文は文部科学省のホームページに掲載されておりますことも併せて申し添えます（http://www.mext.go.jp/a_menu/shougai/katei/1306958.htm）。

（別添）
「つながりが創る豊かな家庭教育〜親子が元気になる家庭教育支援を目指して〜」における自治体の役割及び学校との連携による家庭教育支援の方策について

１．自治体の役割（抜粋）

　地域の特性により課題は様々であり、求められる具体的な家庭教育支援の内容は地域により異なることから、地方自治体には、主体的に地域のニーズや課題を見出し、報告のⅢであげた家庭教育支援の方策を参考に、地域の実情に応じた家庭教育支援の取組を具体的に進める役割を期待する。

（１）市町村
○家庭教育支援の取組をコーディネートする中心的な役割を担う。

　具体的な支援活動の企画・実施や、地域人材等による活動のコーディネート、地域住民、NPO、学校、公民館、専門機関、企業等の地域の様々な関係者との連携・調整、家庭教育支援チーム等の組織化と運営のサポート、調整や合意形成を図る場としての協議会の組織化・運営等により、取組を進めていく。

（２）都道府県
○地域の家庭教育支援の取組を活性化するための仕組みを整備する。

　協議会の組織化等により、地域課題や支援手法等の検討、学習プログラムの開発、取組状況の検証等を行うとともに、広域的な関係者のネットワーク構築を促進していく。

　また、広域的な観点や広域間の取組の格差是正の観点から、市町村や地域の様々な主体に対し、情報提供や助言、その他の必要な支援を行っていく。

　さらに、人材の養成や研修機会の提供、NPO活動に対する支援など、自立的かつ持続的な取組を継続できるような環境の整備を図るとともに、地域におけるモデル的な取組の推進や普及啓発など、広域的な観点から家庭教育支援の施策を進めていく。

２．学校との連携による家庭教育支援の方策（主な施策）
（１）学校・家庭・地域の連携した活動の促進
　学校支援地域本部・放課後子ども教室・学校運営協議会など、学校を核とした教育支援活動の担い手として保護者に参画を促したり、放課後子ども教室等に中高生等に支援者としてかかわってもらう等の方法が考えられ、こうした学校・子ども支援活動に保護者等を巻き込む、学校・家庭・地域が連携した活動を一層推進することが大切です。
（２）課題を抱える家庭に対する学校と連携した支援の仕組みづくり
①家庭教育支援チーム等の活動における学校との連携
・教員との意見交換や、生徒指導主事や養護教諭等による生徒指導や健康相談に係る校内委員会等との連携を図り、家庭への訪問や相談対応等を行うなどの取組が、すべての親子につながるために、また、課題を抱える家庭に対する効果的な支援のために重要です。
・学校にスクールカウンセラー、スクールソーシャルワーカー等の専門人材が配置されている場合には、家庭教育支援チーム等の活動に当たって、連携を図り、福祉機関等関係機関・団体とのネットワークづくりを促していくことが望まれます。
②高校中退者の家庭に対する支援
　中学校卒業時及び高校中退時の進路未定者等について、学び直しや自立支援を受けられるよう、家族・本人の了解の下、学校や教育委員会の情報をもとに、家庭教育支援関係者等が専門機関・団体等につなげたり、親の相談対応を行うなどの取組を進めることが望まれます。
（３）親の学び合い・共同学習の推進
　幼稚園・保育所や小学校等の場は、保護者につながるための拠点として重要であり、学びのスタイルとして、学級懇談会等を活用した、親の学び合いや共同学習も大切です。
　先輩保護者との交流、また親同士の仲間づくりや語り合いができる場の提供を、幼稚園・保育所等や小学校において、ＰＴＡや学校支援地域本部、放課後子ども教室、学校運営協議会等とも連携しながら、一層進めていくことが大切です。
（４）将来親になる中高生の子育て理解学習の推進
　中高生など将来親になる世代が親になることについて学ぶことができるよう、学校に乳幼児とその親を招いて触れ合う活動をしたり、子育てひろば等に中高生が訪問し、乳幼児と触れ合う活動をするなど、子どもが育つ環境としての家族の役割や、子どもを生み育てることの意義等について学ぶ機会の提供を積極的に図

る必要があります。

※2．学校との連携による家庭教育支援の方策（主な施策）については、本文を
　　一部要約しております。

....

生徒指導、家庭教育支援及び児童健全育成に係る取組の相互連携の推進について（依頼）

（平成 28 年 5 月 20 日 28 生参学第 2 号・28 初児生第 8 号・
雇児総発第 0520 第 1 号）

各都道府県・指定都市・中核市
教育委員会生徒指導担当部（局）長
教育委員会家庭教育支援担当部（局）長　　　殿
家庭教育支援担当部（局）長
民生主管部（局）長

文部科学省生涯学習政策局男女共同参画学習課長
文部科学省初等中等教育局児童生徒課長
厚生労働省雇用均等・児童家庭局総務課長

　標記については、「生徒指導、家庭教育支援及び児童健全育成に係る取組の積極的な相互連携について（依頼）」（平成 22 年 9 月 16 日付け 22 生参学第 5 号、22 初児生第 26 号、22 雇児育発第 0916 第 1 号）を踏まえ、相互連携の充実に努めていただいているところですが、家庭を取り巻く社会経済状況の変化や、いじめ、不登校、自殺等の問題行動等や児童虐待問題の深刻化など、子供や家庭を巡る問題の複雑化・多様化に伴い、生徒指導、家庭教育支援及び児童健全育成に係る取組の相互連携を一層推進することが必要となっています。

　こうした中、教育分野では、本年 1 月に文部科学省が策定した「次世代の学校・地域」創生プランにおいて、学校と地域が相互にかかわり合い、学校を核として地域社会が活性化していくことが不可欠であるとの考えの下、「地域とともにある学校」への転換や、学校を核としたまちづくり、地域で家庭を支援し子育てできる環境づくりなどの方向を目指して取組を進めることとしたところです。また、福祉分野では、児童委員、主任児童委員を中心とした家庭支援や、児童館・児童センター（以下「児童館等」という。）を中心に、児童の健康を増進し、情操を豊

かにする取組等も行っていただいています。

　今後、教育分野と福祉分野がそれぞれの特長を生かしながら、学校・地域が一体となって子供や家庭を巡る状況把握を行い、子供や家庭に対する支援体制の一層の充実を図ることが重要です。

　ついては、以下の留意点並びに各学校や地域の実情を踏まえつつ、生徒指導や家庭教育支援、児童の健全育成に係る取組の相互連携が一層図られるよう、貴職におかれては、所管の学校及び域内の市区町村教育委員会生徒指導担当部局、家庭教育支援担当部局、児童福祉部局、関係団体等に周知いただくとともに、連携の強化による取組の一層の充実に御協力をお願いします。

　なお、この通知の発出に伴い、「生徒指導、家庭教育支援及び児童健全育成に係る取組の積極的な相互連携について（依頼）」（平成22年9月16日付け22生参学第5号、22初児生第26号、22雇児育発第0916第1号）は廃止します。

記

1. 生徒指導の推進に当たり、問題行動等の未然防止や早期発見のためには、学校内のみならず、家庭や地域における児童生徒の実態把握が欠かせないことから、学校は、日頃から家庭との協力関係を築くとともに、地域において家庭教育支援を担う子育てや教職の経験者、NPO等の関係者や、児童委員、主任児童委員、スクールソーシャルワーカー、放課後子ども総合プラン関係者、児童館等の関係者などと円滑な連携を図れる体制を構築し、情報共有に努めるとともに、必要に応じて、校内の支援体制への活用を図るよう努めること。

2. 家庭教育支援の推進に当たっては、子育てや教職の経験者をはじめとした地域の様々な人材からなる家庭教育支援チーム（別添参照）の組織化等により、保護者への相談対応や地域とのつながりづくりの充実に努めること。問題の未然防止や早期対応のためには、学校等における児童生徒の状況の把握や、専門的人材、児童健全育成関係者等との連携が重要であり、学校等の教職員との情報共有や、家庭教育支援チームの構成員としてスクールカウンセラーやスクールソーシャルワーカー、民生委員・児童委員、主任児童委員などの地域の人材の活用に努めること。あわせて、「地域学校協働本部」の活用や、放課後子ども総合プラン関係者、児童館等関係者、子育て支援団体・NPO等との一層の連携が図られるよう努めること。

3. 児童の健全育成に当たっては、地域での多彩な活動の実績を有し、学校関係者とは異なる視点で子供や家庭の悩みや問題の解決にかかわることのできる特

性を生かして、民生委員・児童委員、主任児童委員、民生委員児童委員協議会、放課後子ども総合プラン関係者等が継続的に学校関係者と情報の共有を行い、連携・協力が図られるよう努めるとともに、例えば、民生委員・児童委員、主任児童委員が地域の家庭教育支援チームに参画するなど、家庭教育支援関係者との一層の連携が図られるよう努めること。

また、児童館等では、健全な遊びを通して、児童の自主性、社会性、創造性を高めるよう指導を行っているところであり、児童の健全育成の観点を踏まえ、児童の社会活動参加への理解、協力等の支援について、学校等との更なる連携を図るよう努めること。

4. 家庭教育支援や児童の健全育成を担う地域の人材等が、情報を適切に共有しながら、学校と連携して活動を行えるよう、個人情報の取扱いや適切な情報管理に当たっては各地方公共団体の個人情報保護条例等にのっとりつつ、例えば、家庭教育支援チームの仕組みを活用するなど、より効果的な連携の体制の構築に努めること。

5. 生徒指導、家庭教育支援及び児童の健全育成に係る取組の連携を推進するため、各都道府県、指定都市及び市区町村において、生徒指導担当部局、家庭教育支援担当部局及び児童福祉部局が連携・協力し、支援体制の強化に努めること。

6. 文部科学省が作成した「生徒指導提要」（平成22年3月）（http://www.mext.go.jp/b_menu/houdou/22/04/1294538.htm）、「平成26年度スクールソーシャルワーカー実践活動事例集」（平成27年12月）（http://www.mext.go.jp/a_menu/shotou/seitoshidou/1368648.htm）及び「訪問型家庭教育支援の関係者のための手引き」（平成28年3月）（http://www.mext.go.jp/a_menu/shougai/katei/1360785.htm）等を参考に、生徒指導、家庭教育支援及び児童健全育成に係る取組の効果的な連携に努めること。

教育と福祉の一層の連携等の推進について（通知）
（平成30年5月24日30文科初第357号・障発0524第2号）

各都道府県知事
各指定都市市長
各都道府県教育委員会教育長
各指定都市教育委員会教育長
附属学校を置く各国公立大学法人学長
構造改革特別区域法第12条第1項の認定を受けた各地方公共団体の長　殿

　　　　　　　　　　　　　文 部 科 学 省 初 等 中 等 教 育 局 長
　　　　　　　　　　　　厚生労働省社会・援護局障害保健福祉部長

　教育と福祉の連携については、保育所、幼稚園、認定こども園、小学校、中学校、義務教育学校、高等学校、中等教育学校、特別支援学校等（以下「学校」という。）と児童発達支援事業所、放課後等デイサービス事業所等（以下「障害児通所支援事業所等」という。）との相互理解の促進や、保護者も含めた情報共有の必要性が指摘されているところであり、各地方自治体において、教育委員会や福祉部局の主導のもと、支援が必要な子供やその保護者が、乳幼児期から学齢期、社会参加に至るまで、地域で切れ目ない支援が受けられる支援体制の整備が求められている。

　特に、発達障害者支援については、発達障害者支援法の一部を改正する法律（平成 28 年法律第 64 号）が平成 28 年 8 月 1 日から施行されており、「個々の発達障害者の性別、年齢、障害の状態及び生活の実態に応じて、かつ、医療、保健、福祉、教育、労働等に関する業務を行う関係機関及び民間団体相互の緊密な連携の下に、その意思決定の支援に配慮しつつ、切れ目なく行われなければならない」とされている。

　こうした課題を踏まえ、文部科学省と厚生労働省では、昨年の 12 月より、両省による家庭と教育と福祉の連携「トライアングル」プロジェクトにて検討を行い、このたび、本年 3 月に別添 1 のとおり「家庭と教育と福祉の連携「トライアングル」プロジェクト報告」（以下「報告」という。）を取りまとめたところである。

　両省においては、報告を踏まえ、今後さらに施策の充実を図ることとしており、貴職におかれても報告の趣旨を踏まえ、下記について積極的な取組をお願いしたい。

　なお、各都道府県におかれては、貴管内市町村（指定都市を除き、特別区を含む。）及び関係機関等に対して、各都道府県教育委員会におかれては、所管の学校及び域内の市町村教育委員会に対して、各指定都市教育委員会におかれては、所管の学校に対して、各都道府県知事及び構造改革特別区域法（平成 14 年法律第 189 号）第 12 条第 1 項の認定を受けた地方公共団体の長におかれては、所轄の学校及び学校法人等に対して、各国立大学法人学長におかれては、附属学校に対して、このことを十分周知し、本通知の運用に遺漏のないようご配慮願いたい。

記

1 教育と福祉の連携を推進するための方策について

　発達障害をはじめ障害のある子供は、教育委員会、福祉部局といった各地方自治体の関係部局や、学校、障害児通所支援事業所等といった複数の機関と関わっていることが多い。

　各地方自治体においては、教育委員会と福祉部局において各制度を所管しているが、双方の垣根を排除し、就学前から学齢期、社会参加まで切れ目なく支援していく体制を整備することが重要であることを踏まえ、以下の取組を促進すること。

（1）教育委員会と福祉部局、学校と障害児通所支援事業所等との関係構築の「場」の設置について

　学校と障害児通所支援事業所等の管轄部署が異なるため、障害のある子供の情報が双方の現場で共有されにくいことを踏まえ、各地方自治体は、教育委員会と福祉部局が共に主導し、学校と障害児通所支援事業所等との関係を構築するための「連絡会議」などの機会を定期的に設けること。その際、各地方自治体は、別添2の地方自治体の実践事例等を参考に、既存の特別支援教育連絡協議会、発達障害者支援地域協議会及び（自立支援）協議会等の既存の協議会を活用する等、効率的かつ効果的な運営に努めること。

（2）学校の教職員等への障害のある子供に係る福祉制度の周知について

　例えば、小・中学校から放課後等デイサービス事業所への送迎時において、放課後等デイサービスについての教職員の理解が深まっていないために、対象児童生徒の学校における様子などの情報提供をはじめとする学校の協力が得られにくいことがある。これを踏まえ、各地方自治体において、教育委員会と福祉部局が連携し、放課後等デイサービスや保育所等訪問支援事業を含む障害のある子供に係る福祉制度について、小・中学校や特別支援学校の校長会、教職員の研修会等において福祉部局や障害児通所支援事業所等が説明する機会を確保し、学校の教職員等に対して制度の周知を図ること。

　また、特に、保育所、幼稚園、認定こども園等の子供とその保護者が集まる場には、発達障害に関する知識を有する専門家を派遣する、巡回支援専門員整備事業を活用するなどし、発達障害についての知識や対応技術の普及を促すこと。

（3）学校と障害児通所支援事業所等との連携の強化について

　学校と放課後等デイサービス事業所において、お互いの活動内容や課題、担当者の連絡先などが共有されていない等により、両者の円滑なコミュニケーション

が図れず連携ができてない。他方、個々の障害児に対する支援計画については、各学校において個別の教育支援計画を、障害児通所支援事業所等において個別支援計画を作成している。こうした状況を踏まえ、学校と障害児通所支援事業所等間の連携方策について、別添2の地方自治体の実践事例を参考に検討し、学校と障害児通所支援事業所等間の連携の仕組みを構築すること。

2 保護者支援を推進するための方策

　障害のある子供やその保護者にとって、専門的な相談ができる機関や保護者同士の交流の場が必要であることを踏まえ、各地方自治体においては、以下に示す支援等に取り組むこと。

（1）保護者支援のための相談窓口の整理について

　乳幼児期、学齢期から社会参加に至るまでの各段階で、必要となる相談窓口が分散しており、保護者は、どこに、どのような相談機関があるのかが分かりにくく、必要な支援を十分に受けられないことがある。これを踏まえ、各地方自治体においては、教育委員会と福祉部局が連携し、別添3に示した相談窓口を一元化している地方自治体の事例等を参考に、教育委員会や福祉部局等の関係部局及び教育センター、保健所、発達障害者支援センター、児童発達支援センター等の関係機関の相談窓口を整理し、保護者が自治体のどこの部署や機関に相談すればよいのかを分かりやすく示すこと。

　なお、相談の対応に際しては、以下の2（2）で作成したハンドブックを活用するなど、担当以外の職員であっても適切な窓口を紹介できるようにすること。

（2）保護者支援のための情報提供の推進について

　保護者は、相談支援事業所や障害児通所支援事業所等のサービス内容や利用方法が分からず、子供に合う事業所を見つけることに苦労したり、相談窓口がわからず、誰に相談してよいのかわからないということがある。これを踏まえ、各地方自治体においては、福祉制度が分かりやすく、利用しやすいものとなるよう、支援に係る情報や相談窓口が一目で分かるような、保護者向けハンドブックを作成すること。

　さらに、各地方自治体がハンドブックを作成する際には、別添4を参考に、障害についての基本的な事項、子供やその保護者が受けられる教育・福祉制度の概要、その自治体において提供される行政サービスの内容や相談機関の概要と連絡先等など、保護者が必要とする内容を盛り込み、継続的にその活用と周知を図ること。

（3）保護者同士の交流の場等の促進について

　周囲に子育てに関する悩み等を話せる人がおらず、障害のある子供の保護者が孤立感・孤独感を感じてしまい、家にひきこもってしまう場合があることを踏まえ、各地方自治体においては、こうした保護者同士の交流の場を設けるピアサポートの推進や専門的な研修を受けた障害のある子供を持つ保護者（以下「ペアレントメンター」という。）の養成及びペアレントメンターによる相談支援を実施すること。

　また、家庭での教育も重要であることから、保護者が発達障害の特性を踏まえた接し方や褒め方等を学び、子供の問題行動を減少できるよう、保護者に対してペアレントプログラムやペアレントトレーニングによる支援を行うこと。

　さらに、教育委員会においても、福祉部局と連携しつつ、就学相談、教育相談等の機会を捉え、保護者同士の交流を促進するような取組を促すこと。

（4）専門家による保護者への相談支援について

　障害児支援利用計画の作成にあたる相談支援専門員について、障害のある子供や発達障害について専門的知識を有する者が不足していることを踏まえ、各都道府県は、相談支援　専門員が受講する、障害のある子供についての知識や経験等を積むことができるような専門コース別研修を積極的に開催すること。

発刊に寄せて

　社会の発展のスピードは年を追うごとに早くなり、私たちが育って
きた環境からの経験だけでは、今日の子どもたちを取り巻く社会環境
や教育環境に対応することは難しくなってきています。

　学校も社会も一層大きな変容に向かわざるを得ない状況下で、新し
い時代と未来を生き抜く子どもたちの健全育成のために、私たち大人
が今を知り、学びを進め、すべての教育の原点である家庭教育力の充
実を図るとともに、広く教育全般に関心をもつことが重要ではないで
しょうか。

　このテキストは、「PTAでできること」だけではなく、PTAを通
じて教育について深く学んでいただき、これからのPTA活動の更な
る発展と、教育の振興につなげたいという想いで発刊させていただき
ました。

　日本PTAは、「社会教育及び家庭教育の充実に努めるとともに、
家庭・学校・地域の連携を深め、子どもたちの健全育成と福祉の増進
を図り、社会の発展に寄与する」ことを綱領に掲げ活動しています。
子どもたちが健やかに成長することができる社会環境の整備を進める
ために、大人が共に手を携えて学び行動することが求められています。
そして、今まで以上に家庭・学校・地域との連携が必要不可欠となる
中で重要な役割を担っていくPTA活動のために、日本PTAが自信
をもってお届けするこの「テキスト」が活用されることを願っていま
す。

　末筆ながら、本書を発刊するにあたり執筆していただきました多く
の先生方と、ご協力いただきましたすべての皆さまへ心より感謝申し
上げます。ありがとうございました。

　　　　公益社団法人日本PTA全国協議会　会長　　清水　敬介

まるごと！
教育テキスト
家庭教育・学校教育・社会教育
日本 PTA がおくる教育のキホンのキ

令和 3 年 6 月 24 日　第 1 版第 1 刷発行

監　　修　　浜田　博文
編　　著　　公益社団法人日本 PTA 全国協議会
　　　　　　〒 107-0052　東京都港区赤坂 7-5-38
　　　　　　TEL　03-5545-7151
発 行 人　　加藤　勝博
発 行 所　　株式会社 ジアース教育新社
　　　　　　〒 101-0054　東京都千代田区神田錦町 1-23　宗保第 2 ビル
　　　　　　TEL 03-5282-7183　FAX 03-5282-7892
　　　　　　E-mail：info@kyoikushinsha.co.jp
　　　　　　URL：https//www.kyoikushinsha.co.jp/

表紙デザイン・本文 DTP・イラスト　株式会社彩流工房
印刷・製本　　三美印刷株式会社

Printed in Japan

ISBN978-4-86371-589-9
〇定価は表紙に表示してあります。
〇乱丁・落丁はお取り替えいたします。（禁無断転載）